成長する企業トップの

成功戦略を解明する

ニューノーマル時代を乗り切る経営

大塚英樹
Otsuka Hideki

講談社ビーシー／講談社

はじめに

2020年は、文字通り時代の転換点になった。新型コロナウイルスの世界的な拡散と感染拡大により、人、モノ、金の流れが途絶えた。各国はロックダウン（都市封鎖）を選択し、おそらく人類の歴史において、ここまで急激に経済活動を止めたことは類を見ないだろう。影響は甚大で、これから企業の倒産、従業員のリストラ、解雇がいっそう深刻化することが懸念されている。

世界経済は現在、これまで進んできたグローバル化のうねりから、ブロック経済化、つまり自国の経済的利益を守る保護経済化、排他的経済化を含めたローカル化へ向かっているようにも見える。

じつは新型コロナが流行する前、2019年からすでに「異変」は起きていた。

2019年の世界の貿易額（財貿易、名目輸出ベース）は、前年比2・9％減の18兆5

047億ドルへと下落。貿易数量（輸出ベース）も同0・1％減だった。これは世界金融危機の影響を受けた2009年以来のことだ。原因としては、米中の貿易摩擦をはじめとする世界経済の不確実性の増大、経済成長鈍化による需要の減少などが指摘されている。とりわけ米中の対立は、世界貿易の流れに大きな変化を生じさせた。

そこに襲ってきたのが、新型コロナである。2020年第1四半期の世界の輸出額は、前年同期比5・8％の減少となった。人、モノの移動に制限が課せられ、規制を緩和すれば新型コロナの感染が再び拡大するという事態が繰り返され、全世界の感染者数もついに3000万人を超えるにいたった（2020年9月現在）。そのため貿易のみならず、グローバルに行ってきたサプライチェーンが回らなくなる面が顕在化してきている。

また消費においても、たとえば日本のインバウンドは限りなくゼロに近い状況になるなど、先を見通すことが難しい。観光業や飲食業にはとりわけ打撃が大きく、予断を許さない状況が続くことは間違いない。

グローバル化の進展に疑念がもたれるということはかつてなかった事態である。

今後もこの状況は続くか。いや続かない。

日本にはエネルギー資源がない。9割を海外へ依存している。これは致命的だ。しかし、この資源レス国・日本の深刻な状況は未来永劫変わらない。そのため、日本は世界にモノやサービスを売って、世界から資源を買うしかない。

だから、グローバル化を止めるのではなく、新型コロナを契機に、デジタルの活用によりグローバルサプライチェーンの強靱化を行うなど、さらに深化し、進化を遂げていっそう前進しなければならない。


今、日本の経営者は、どちらかというと萎縮してしまって、海外に出ることに後ろ向きになる気配がある。しかし、日本の企業は、新たなグローバリゼーションの意味を考え、次なるアクションを積極的に起こさなければならない。

新しい時代に日本企業は何をしなければならないか、その中で経営者の責務とはいったい何か。本書は、17人の企業経営者たちが挑戦、葛藤、苦悩、自己変革する姿を紹介しながら、その命題を考えるために著したものである。


新型コロナはたしかに社会に大きな影響を与えた。しかし、それらはコロナ問題がなければ生じなかったかといえば、それは違う、というのが私の考えだ。新型コロナにより、潜在的な課題や問題がより早く、鮮明な形で露わになっただけであり、企業経営者たちにとっては「解決するべきミッション」がより明確な形で示されただけともいえる。

今後の企業経営は、いっそうの苦難に直面するだろうが、各企業の抱える「根本的課題」の解決抜きには先に進むことはできない。むしろ、先送りが許されなくなったと覚悟するべきだ。

そうした環境下で、経営者が貫かなければならない本質的価値がある。

1．社員を守り抜く

社員は企業の財産である。人材こそ利益の源泉だ。何が起ころうと社員の命を守り、健康を守り、生活を守り抜かなければならない。もちろん過去にも、「社員は財産」といわれてきた。だが、経営者はこれまで本当に、心の底からそう考えて会社を経営してきただろうか。毎年、無定見な政策で新卒採用し、業績が苦しくなると人員削減を行うという安易な選択を繰り返してきたのではないか。このコロナ禍においても、同じことをやろうとしてはいないか。

会社の企業価値を高め、「世のため、人のため」に自社の稼ぎ人となるのは社員一人ひとりにほかならない。企業は、最後まで社員の命を守るとの信頼を得て初めて、社員たちのモチベーションが上がり、士気が高まり、会社を存続させることができると知らなければならない。

「社員が大事」というのは、文字づらだけのお題目ではないのだ。

2．リスクに備え抜く

企業は資本や内部留保をしっかりしておかなくてはならない。そして、どんな災害にも耐え抜き、どんな困難をも克服する準備をしておくことが肝要だ。

新型コロナが企業に問いかけたのは、大震災や災害などで向こう3年間は利益が出なくても、赤字が続いても耐えられるだけの運転資金は用意してあったか、銀行の融資枠はちゃんと確保してあったか、ということだ。企業は文字通り「突然死」することがある。経営者ははたして、これまで揺るがない経営ができていただろうか。

たしかにコロナショックによって企業は経営において大きな打撃を受けた。だが、はっきりいえば、それですぐに倒産する企業は、もともと体力に乏しく、生き抜くことが難しい企業だったともいえる。コロナ後の世界では何が起こるかわからない。次なる災害や問題がいつ、どのような形でやってくるかはわからない。「その時」に備えて、今からでもしっかり準備しておくことが必要である。

3．資本市場の論理よりも顧客のいる製品・サービス市場を優先する

経営者は、資本市場の論理に惑わされてはいけない。

この20年あまり、グローバリゼーションの名の下に株式重視の経営が行われてきた。利益を上げ、企業価値を向上させ、株価を上昇させることを経営目的とする風潮が強まった。

そんな環境下で、経営者は株式時価総額ばかり見ていなかったか。

株主は、資金は提供するが、会社に利益をもたらす人ではない。そこを勘違いしてはならない。利益を株主に配当し、株価に反映させる。株価が上がれば企業価値が上昇し、企業価値が上がれば会社や事業をより高く売却することができるというに過ぎない。

私は、株式資本主義が求める声に惑わされ、会社の経営を間違えた経営者を多く見てきた。株価はたしかに大事だ。株式市場を無視できないこともわかる。大株主の要求や敵対的買収からの防衛策として大幅な増配に踏み切らなければならない時もあるからだ。

しかし、もっと大事なのは商品やサービスである。顧客から自社の製品やサービスがどのような評価を得ているか、経営者は直視しなければならない。そういう製品・サービス市場重視の経営を行わなければ、企業はすぐに立ち行かなくなる。

経済環境がどうあれ、商品やサービスがしっかり顧客の心を摑んでいる企業は強い。新型コロナは、そのことを再確認させてくれたといえる。だからこそ、企業の価値は「顧客基点」に置かなければならない。

4．今一度、会社のビジョンや理念を確認する。そして、その実現に向けた経営を行う

会社の存在意義とは何か。なぜ、自社が存在しているのかを考え抜かなければならない。自社は社会的役割を果たしているか、経営者は全社員と価値観を共有しなければなら

ない。

そもそも、経営者自身いったい何がしたいのか。明確に言葉で表現し、その言葉通りの経営を実行していたか。みずからを省みる必要がある。社員の思い、現場の考えを聞く一方、経営者自身の考えや思いを伝え続ける。そして社員から信頼を得て、顔の見える経営者にならなければならない。

この地道な対話活動が、社員と一体化し、全員参加の経営を実現させる原動力となる。

5.「世のため、人のため」の価値観を組織に埋め込む

経営者は「世のため、人のため」の価値観が社員と共有できているかを常に意識しなければならない。

「世のため、人のため」という価値観が全社員に共有されていれば、トップから管理職、現場の社員に至るまで、判断が大幅にブレることはない。経営者の判断と社員の判断は業務遂行においてほぼ同じになる。

しかし、「会社のため」という判断基準は、経営者と社員では異なることがある。たとえば、社員が「会社のため」と思った選択が、社会においては罪に問われるということがありうる。

以前、社員が補助金を虚偽申請して受け取る、補助金詐取事件を起こした企業があっ

た。担当社員は嘘がバレなければ国から補助金の支給を受けることによってキャッシュが会社に入ってくるのだから、所属する課の売り上げとなり、「会社のため」になると考えた。それが所属する課のためイコール会社のためだと勘違いしたのである。上司である課長も売り上げノルマを達成できたと喜び、その社員を高く評価した。

一方、社長は、補助金詐取は絶対にやってはいけないことだと考えていた。当たり前だ。「世のため、人のため」という価値観に反する行為だ。もし詐取の事実が明らかになれば、社会への裏切りとなり、自社はマーケットから退場を命じられ、たちまち潰れるかもしれない。

その会社は、売り上げ至上主義だった。そうはいっても、犯罪行為に手を染めてよい理由はない。経営者としての社長の失敗にほかならない。もしその社員が「会社のため」ではなく、「世のため、人のため」という価値観を正しく共有していれば、決して補助金詐取などに手を染めることはなかっただろう。

苦しくなるほど、悪の誘惑にあらがいがたくなる。まして、先行きへの大きな不安に直面した時にはどうか。明日にも倒産するかもしれない、となったらどうか。

「世のため、人のため」の企業文化を醸成することが喫緊の課題である。新型コロナ問題で苦境にある中、企業が「世のため、人のため」の企業文化を育んでいるかどうか、世間は見ている。それだけに、この問題への取り組みが必要となる。

6. 社会課題解決に取り組む

企業に求められているのは、社会的使命の遂行である。
現在、社会的課題となっているのは、気候変動をはじめとする環境問題、高齢化、人口減少など多様だ。国連が示すSDGs（持続可能な開発目標）への取り組みもある。この問題に果敢に挑まねばならない。

ある企業は高齢化に対応した安心、安全なスマートシティづくりを事業として進めている。介護施設、診療所、自動化運転などを充実させているのだ。またある企業は、SDGsに対応した自然災害保険の販売を開始した。また、過去のビッグデータから橋や鉄道など社会インフラの老朽化を調査、修繕する事業の拡大に着手した企業もある。自動運転の技術を活用して、電気自動車が走行しながら充電できる道路交通システムを開発した企業もある。

これからの企業経営者は、目先の利益の追求だけでなく、積極果敢に社会課題の解決に取り組み、自社が世の中やマーケットから長期的に必要とされる存在になる、また、そのためのビジネスモデルを再構築する「覚悟」が必要だ。

企業は利益を上げていればそれでよいという時代は終わった。世の中の価値観が大きく変わる今という時代にあって、経営者個人には「胆力」がこれまで以上に求められる。成功する経営者の条件は、1に胆力、2に胆力である。
その胆力は、経営者自身の「使命感」「夢」「志」から生まれる。自分の生き様の中から、「〝これ〟をやり切らなければ、自分は生きている価値がない」というくらいの思いをもって、自分の存在をかけて挑む、貫く。多くの経営者を見てきて、成功する人に共通するものは何かと追求していくと、この点に行き着くのである。
これまでの時代は、雇われ人たるサラリーマンでも社長になることができた。しかし、これからの時代はちがう。社会に新しい価値を創造し、社会を変革する事業を新たに作り出せるか。そういう人だけが経営者となり、そうでない者は早晩、表舞台から消えていく。その意味で、企業経営にとって、これまで以上に「人を見極める」ということが重要になる。

いまこそ、「原点」に戻る必要がある。私たちが働く意味とは何か、その企業が存在する意義とは何か。その理念に基づいて、日々の業務を遂行できているか。経営者はみずからその確信を持つだけでなく、企業リーダーとして社員一人ひとりに至るまで伝えていかなければならない。また、そういう人物以外、企業経営のトップに立ってはいけない。

簡潔にまとめるならば、経営者に必要なもの、また、これから経営者として選ばれる人物に求められるものは、テクニカルなものではなく、次のような「人間力」になると私は確信している。

1 使命感を持つ
2 夢、志を抱く
3 ナンバー2を育てる
4 幸運思考を持つ
5 傍流視点がある
6 現場感覚があり、現場に精通する
7 自分の頭で考え抜く、思考力
8 言行一致

新型コロナを契機に社会は一変した。これまで成り立っていた事業の継続は困難さを増し、不確実性のリスクが高まっている。こうしたますます混沌とした秩序のない環境、予測が不可能な環境を私は「新カオス時代」と呼んでいる。そんな時代に立ち向かう経営者は、これら8つの力を備えたうえで、なにより「事業家」であらねばならない。ただ単に社会変化に対応するだけではなく、自ら社会変化をおこす、すなわち時代を創る当事者にならなければならないのだ。

その代表が本書で特別編として触れているダイエーの中内㓛だ。彼は戦後の焼け野原から裸一貫で成り上がり、日本に流通革命を起こし、従来のメーカー主導から消費者主導の小売りを実現した。社会インフラを整え、後世に残る人や事業の種をたくさん撒いた。しかし、みずからは事業家として最終的に失敗し、全てを失い、その思想だけを残して散っていった。

たとえゼロからでも、社会を変える事業はおこせる。中内㓛は、そのことを身を以って我々に示してくれた。しかし、実際に遂行するには、これまでのやり方の延長線上にあるような旧態依然の発想や、業務改善的アプローチでは無理だ。企業の経営者が、すべからく経営管理者から事業家にならなければならないと私が述べる理由がここにある。

中内㓛にあって、今の経営者に足りないもの、それはひとえに「胆力」である。

時代はどんどん変わっていく。しかし、企業にとって「すべきこと」の根本は変わらない。「事業」や「手法」は変化するかもしれないが、社会においていかなる価値を生み出し、届けて行こうとしているのか、拠って立つ「原点」は不変であるはずだ。

みずからの会社で何をなすべきか、私が言うまでもなく、企業経営を担う読者諸兄は、本当は気づいているはずである。問題は、やるかやらないか、最後までやり切るかやり切らないか、ただそれだけだ。

本書に登場する経営者たちの苦悩と葛藤、そしてそれらを呑み込みながらも前に進もうとする姿勢が、読者のあなたの決断と行動によき影響を与えることがあるとすれば、筆者にとって望外の喜びである。

なお、本書は「夕刊フジ」（産経新聞社）に「挑戦するトップ」と題して、２０１８年8月17日〜２０２０年10月22日に連載された記事を再構成・加筆したものである。「夕刊フジ」報道部長の水沼宣之氏には貴重な紙面をご提供いただき、お世話になった。また、講談社ビーシー専務取締役の出樋一親氏にはいろいろ貴重なご助言をいただいた。ともに心から感謝申し上げたい。

なお、末筆ながら、本書に登場した方々の敬称は、本文中は全て略させていただいた失礼をお詫びしたい。

２０２０年9月

大塚　英樹

目次——成長する企業トップの成功戦略を解明する

⑬ 車谷暢昭　東芝会長ＣＥＯ（現社長ＣＥＯ）
走りながら考える「確信と覚悟」の転身経営者

⑭ 芳井敬一　大和ハウス工業社長
「魅力ある街づくり」で社会へ貢献、創業者の志を継承していく

特別編

中内 㓛 旧ダイエー創業者

日本社会を根本から変えた変革者・社会事業家

1 リスクを恐れない確信と胆力の経営

越智《おち》仁《ひとし》　三菱ケミカルホールディングス社長

統合で3社間の壁を除去、グローバルで戦える企業へ変革

成長を続ける企業の経営者は、共通した特徴を持っている。その1つが、「胆力」。言い換えれば覚悟のことである。経営者の最大の仕事は決断することだが、胆力も覚悟もない経営者は、決断を下すことができない。

経営トップは誰しも「失敗したくない」と考える。しかし、新しいことに挑戦しなければ、企業は変わらない。変わらないと企業は潰れる。したがって、経営トップは、リスクを恐れずに絶えず新しいことに挑戦する覚悟と胆力が要る。新しいことに踏み出す時はなおさらである。

三菱ケミカルホールディングス（ＨＤ）社長の越智仁はどうか。

越智は２０１７年４月、ＨＤ傘下の三菱化学（旧化学）、三菱樹脂（旧樹脂）、三菱レイヨン（旧レイヨン）の３社を経営統合、新会社「三菱ケミカル」を発足させた。越智の危機感から出た決断だった。

越智は当初、３社は同じＨＤの傘下に入っている以上、シナジー効果を発揮するだろうと考えていた。シナジー効果を加速するため、炭素繊維事業拡大のプロジェクトや、機能化学品を発展させるプロジェクトなど共同プロジェクトを発足させた。

しかし、いくら「シナジー効果を出そう」と呼びかけても動かない。そこで、旧化学と旧レイヨンの開発拠点を１つにまとめるなど、小規模な先例を作り、会社を超えて事業内容を知るための勉強会を重ねた。それでも、社員の意識は変わらない。理由は会社間に〝壁〟があったからだ。越智は危機感を募らせた。

越智 仁（おち・ひとし）　1952年、愛媛県生まれ。京都大学大学院工学研究科化学工学専攻　修士課程修了。1977年三菱化成工業入社、テキサスウルトラピュア社、三菱化学黒崎事業所製造２部長、同社執行役員経営企画室長、三菱ケミカルホールディングス 取締役執行役員 経営戦略室長、三菱レイヨン社長を経て、2015年三菱ケミカルホールディングス社長に就任。

「変化の激しい今の時代は総

合力で競争に立ち向かわなければならない。3社がバラバラに事業を行っていたのでは競争に勝てません。例えばクルマへのアクセス。旧化学は旧化学の、また旧レイヨンは旧レイヨンの考えでアクセスしていました。3社がそれぞれの強味を生かしながら、マーケットが求めるソリューションをスピーディに提供する。それが統合の狙いです」

越智は、新会社「三菱ケミカル」を誕生させると、旧3社の事業を「石化（石油化学）」「高機能フィルム」「高機能成型材料」などマーケットやソリューション主体で事業を考える10部門にくくり直した。

さらに越智は、①R&D（研究開発）自前主義の脱却、②欧米・アジア中国に地域統括会社を設立、欧州・米国トップには現地人を登用、③世界各国のスタッフを育成するための「キャリア開発計画」を作成するなど改革を推進した。

特筆すべきは、三菱ケミカルの発足に合わせて、HDに最高デジタル責任者（CDO）、最高技術責任者（CTO）、最高マーケティング責任者（CMO）から成る「先端技術・事業開発室」を新設したこと。目的は科学技術の進化を摑み、デジタル技術を活用した新規事業の創出にある。

越智が覚悟をみせたのは、3人の専門家を外部から招聘したことだ。CIO兼CTOで先端技術・事業開発室の責任者には元シャープ米国研究所のトップ、CDOは日本IBM基礎研究所の元所長、CMOは元産業革新機構から招聘。「将来を見据えて、外部からどんな技術を入れて、自社技術と組み合わせるかを考える。化学メーカーでずっと生きてきた我々とは異なるモノの見方が必要」との考えに基づく。

現在、経営統合のシナジー効果は徐々に出始めている。例えば、17年2月に発売されたトヨタのプラグインハイブリッド車「プリウスＰＨＶ」の、後部ドアの骨格に採用された炭素繊維と樹脂の複合材「ＳＭＣ」。

旧レイヨンが開発を進めていたが、１つの会社になると旧化学や旧樹脂の部門との連携が加速。ＳＭＣの販売に旧樹脂の自動車メーカーへのルートを活用する。一方、旧化学は部品の効率的な成型の仕方について、樹脂の流動性を解析していた知見を生かす。そうやって、越智は3社の技術を〝協奏〟させ、グローバルで戦える企業へ変革する。

越智は胆力で会社を変えた。

課長時代に若手と連日連夜の実験、新肥料を開発

私は、成長を遂げる企業の経営者には「確信」と「覚悟」があると考える。言い換えれば、「信念」と「胆力」。胆力については前項で述べた通りだが、「確信」がその前提にある。人間は、確信して初めて覚悟を決めることができる。確信があれば、決断を下すことができ、過去を否定し、常識を覆すことができる。また、新しい目標に挑戦することもできる。挑戦や事業を続ける際、挫折や失敗はつきものだ。しかし、確信があれば、立ち塞

がる障害が何であろうと、成功するまであきらめず、粘り強く続けることができる。

越智仁もまた、「確信と覚悟の経営」を行う経営者の一人だ。

社長に就任すると、三菱化学、三菱樹脂、三菱レイヨンの3社統合に向けての準備と、新会社の立ち上げに精力を注ぐ一方、「KAITEKI健康経営」の開始、米パイパー・プラスチック社買収、日本合成化学工業の完全子会社化、海外4極に地域統括会社設立、米国にコーポレートベンチャーキャピタルの新会社設立―など次々に改革を行う。確信ゆえの改革である。

面白いのは、改革の先に描く〝経営デザイン〟。ビジョンは人・社会・地球が調和した状態を表す「KAITEKI」。その実現に向けて温暖化、資源枯渇、高齢化などの課題に対するソリューションに挑戦する。そのため、社員が健康で働ける環境を作る「健康経営」に心を砕く。健康になると意欲がわき、生産性が向上し、収益に反映される。好循環が生まれるもととなる。

越智の基本的コンセプトは、「常に新しいことに挑戦する」。「変えていかないと強くならない」という信念に基づくもの。改革を続けるのも、イノベーションを追求するのも、そうした確信があるからだ。

そんな越智の原体験は課長時代にある。越智は1977年に入社後、北九州市の黒崎工場製造3部アンモニア課に配属、生産管理、運転管理、設備管理に携わる。88年には黒崎工場アンモニア課長、その後同工場製造3部技術室主席、生産管理室グループマネージャーを務めた。

越智がいかにへこたれない人間であるかを表すエピソードは枚挙に暇がない。アンモニア課長時代、アンモニア工場を利益が出る工場にするという目標を立てた。当時、工場は肥料市場の縮小により、リストラを余儀なくされていた。越智は新技術開発や生産効率化プロジェクトなどさまざまな新プロジェクトを立ち上げ、目標達成に向け力を注いだ。

その中の1つが、越智が指揮した「稲作向け肥料」の開発プロジェクト。農家の負担を少なくするため、毎年田植えの後と穂が出た後に撒いていた肥料を1度撒くだけで、効果を上げる新肥料の開発だった。肥料を、すぐに溶けるものと、時間がたつと膜がはじけて溶けるものを内包させて一緒に撒けば農家の手間が省ける。

越智は開発を若手に任せたが、うまくいかない。悪戦苦闘する担当者を見て「俺も一緒にやろう」と、彼らと連日連夜実験を繰り返すが、うまくいかない。帰宅は毎日深夜におよび、クタクタになったが、あきらめなかった。そんな苦闘が続くある折、実験は成功する。〈出来上がった製品は30日間は田んぼの水の中でも溶けず、そこで膜が壊れて溶け出し、次の30日間くらいで出ていく〉（「プレジデント」）。生産は2年後に開始、売上高は約50億円に達したという。

あきらめない例としてはアンモニアのスタート（製造）時間を7日間から20時間へ短縮

したことなどが挙げられる。

さらに新しい制御システムの導入も苦心の末、行っている。越智は90年、米国の化学会社を回った際、工場の部分部分を制御するのではなく、全体を最適制御する新システムに出合う。そのソフトを工場に導入する計画を立て、数年かけて新システムを完成させている。

越智の、成功するまで粘り強く続けるというマインドは課長時代に培われた。

目標、達成方法を自ら示し、社員を導き社を支える「No.2役」

私は、会社の主役はトップではなく、社員でなければならないと考える。社員が主役になることで〝社員力〟が発揮され、会社は動く。トップの意思がトップにとどまっている限り、会社は動かない。では、誰がトップの意思を社員に転換させるか。この転換装置となるのが「No.2」。私の言うNo.2とは、役職やポジションの「2番目」ではない。副社長、専務かもしれないし、課長かもしれない。企業を変え、成長させる主役である。

越智仁も同様、社長に就任するまで「No.2」の役割を果たしてきた。

越智は1977年、京都大学大学院工学研究科化学工学専攻修了後、三菱化成工業（現三菱ケミカル）に入社。黒崎工場製造3部アンモニア課に配属、以降、アンモニア課長、米テキサスウルトラピュア社副社長、日本化成取締役、三菱化学執行役員経営企画室長などを歴任、随所で「No.2」として活躍してきた。

越智のNo.2としての特徴はまず、目標を掲げ、自ら達成するための方法を示し、部員に方法論（方法についての研究）を学ばせる。そして用いた方法による達成度や効果を検証し、次の目標に向け、より新しい方法を考案していくというやり方だ。

「目標は誰でも作れる。大事なのは、目標を達成するための方法です。どうすれば目標を達成することができるかを研究する。その〝方法論〟が会社の〝財産〟になるんです」

越智が最初にNo.2シップを発揮したのは、88年からアンモニア課長としてアンモニア工場の生産管理に携わった時だ。当時、日本のアンモニア産業は苦境に陥り、リストラの嵐が起こっていた。農業生産の縮小による肥料用アンモニア需要の減少に加え、石油ショックによる原料価格の高騰で国際競争力を失ったことが原因だった。

越智は、工場の運転・運営管理をカバーする課長代理と数人のスタッフに、「俺たちの給料分くらいは稼ごう」と訴え、毎年利益を出すことを目標にした。そのため、生産効率化、省エネ化、新技術開発など新しいプロジェクトを次々と立ち上げた。

その結果、稲作向け新肥料を開発し、新事業として軌道に乗せた。また、アンモニアの製造時間の大幅短縮、工場の新制御システムの導入などを具現化し、生産性を飛躍的に向上させた。こうして越智は、利益の出る工場へ変貌させたのだ。

さらに越智は、97年に米国の高純度薬品製造子会社、テキサスウルトラピュア社の副社長として赴任するが、そこでも、用地探しから生産体制の確立に至るまで獅子奮迅の活躍をした。

苦労したのは、原材料や部品の調達と品質保証だった。日本では要求基準を満たす「認定品」のため、問題がないが、米国では要求基準を満たさない部品や原材料が混じった。越智はそれを調べ上げ、どこに問題があるのか究明した。一方、品質保証も顧客によっては要求基準がＰＰＭ（１００万分の１）よりも高い、ＰＰＴ（１兆分の１）レベルだったが、越智はクリアさせた。そうした越智の健闘により、工場は順調に稼働した。

越智が№２の地位を不動にしたのは、子会社の日本化成に赴任した時だ。日本化成は無機化学品、機能化学品などを作っていたが、赤字が続いていた。越智は社員の意識改革から着手し、生産、品質管理、営業の仕方などことごとく変えていった。

「私は利益目標20億円を掲げた。問題は方法。どうやって達成するかです。彼らからアイデアが出てくるのを待っている時間はなく、私がアイデアを作りました。エネルギーの自給比率を変え、品質管理の仕方を変え、設備の合理化を推進する。あとは社員のやる気を引き出し、行動を起こさせるだけです」

そうやって越智は日本化成を黒字に転換した。

その後、越智は三菱化学と持ち株会社、三菱ケミカルホールディングスの執行役員になり、両社の経営戦略部門の責任者に就き、社長の小林喜光（当時、現会長）を支えた。

米国時代に学んだ「健康経営」で組織を活性化

企業は、社員のモチベーションを育まなければならない。社員のモチベーションが向上しなければ、士気は高まらないし、企業の変革などできない。社員のモチベーションはアイデンティティーとロイヤルティー（愛社精神）から生まれる。社員が自分の会社を大切に思い、会社で働くことに「幸福感」が得られるようにする。

その点、越智仁は、「一番のこだわりは人の活性化」と明言し、社員のモチベーションの向上に腐心し続ける。

三菱ケミカルホールディングス（ＨＤ）の中核事業会社、三菱ケミカル（ケミカル）が三菱化学、三菱樹脂、三菱レイヨンの3社統合会社であるだけに、社員のモチベーションの向上に一層力を注ぐ。

成長している統合企業に共通するのは、①統合を主導した企業が経営の主導権を保持し続けている、②統合目的を規模の拡大にではなく、成果を上げることに置いている、③お互いに相手企業のアイデンティティーを尊重していることだ。ケミカルの場合、課題は③だ。企業のアイデンティティーがなくなれば企業としての価値は損なわれ、社員のモチベーションは失われてしまう可能性がある。

では、越智はどうしたか。まず、3社のアイデンティティーを尊重しながら、どうやって統合の成果を出していくか、またどうすれば会社の壁を壊し、お互いの間に橋をかけることができるかを考え抜いた。答えは企業ビジョンの実現に向けて一丸となって前進することだった。

ビジョンとは、人・社会・地球が調和した状態を表す「KAITEKI」。その実現に向けて、温暖化、資源枯渇、高齢化などの課題に対するソリューションに挑戦する。それには、社員のモチベーションの向上は不可欠。モチベーションを上げるためには、社員満足度の向上を目的とする環境と仕組み作りが必要だ。その解の1つが、社員が健康で働ける環境を作る「KAITEKI健康経営」だ。

健康経営は、社員満足度の向上や生活の充実を図ることで社員の活躍を促進し、組織の活性化を目指すというもの。つまり、社員は健康になると元気になる⇓やる気が出る⇓組織の活力が上がる⇓生産性が向上する⇓開発力がついて収益に反映される⇓満足度の向上…という正のスパイラルが生まれる経営である。越智が言う。

「やる気のある労働時間は倍の成果を生む。そうなれば残業せずとも仕事の生産性は上がる。やるときはやるけれども休むときはしっかり休む。だからこそ会社が、〝時間〟と〝空間〟と〝資金〟を提供する健康経営を行うことが大切なのです」

越智が「ワークライフバランス」の大切さを確信するのは、米国赴任時代の体験からだ。黒崎工場では典型的仕事人間だった越智は、毎日、深夜までの残業と、帰りには部下と飲みに行くことが習慣となっていた。ところが、米国子会社へ赴任すると、米国人の家族を大切にする考えに触れ、人間の幸福感は仕事だけでは得られない。生活と仕事の両方がうまくいかなければ幸福になれないと確信した。ましてや病気になってはいけない。健康であることが満足度の向上に繋がると考えたのだ。

「健康経営」は社員の活躍を支援する取り組みで、健康体操、テレワーク推進、ウェアラブルデバイス（ＷＤ）配布などを行っている。ＷＤから得た情報や健康診断データ、働き方データは、健康サポートプログラムのマイページで確認できる。

重要なのは、越智は「人材こそ利益の源泉」と語るだけでなく、健康経営で実際に社員の満足度の向上、組織の活性化、イノベーション創発化に取り組んでいることだ。言行一致である。社員が越智の「本気」を信じる理由がそこにある。その結果、社員の満足度は向上し、モチベーションも強まり、成果は、最高益を記録した２０１７年度の業績に表れた。

今後、越智の人の活性化戦略が注目される。

2

若林《わかばやし》 久《ひさし》　西武鉄道前社長

自ら最前線に足を運ぶ「現場主義」を貫く

運転手一人ひとりと対話重ねた営業所長時代

私は、拙著『確信と覚悟の経営』(さくら舎)で、成長する企業経営者に共通するのは、「確信」を前提とした「覚悟」があることだと書いた。そして、社長の覚悟を「顔の見える社長であり続ける覚悟」、「成功体験を否定する覚悟」など7つ挙げ、中でも「真の現場主義を実現する覚悟」ほど重要なものはないとした。

現場主義の実現は大事だ。経営者に事業の現場感覚がなければ、また自社の事業に精通していなければ、鋭角的な意思決定ができない。そのため、経営者は現場に自ら足を運び、現場の生の情報を肌で感じ取り、意思決定を行うことが不可欠だ。

その点、2020年3月に西武鉄道社長を退任した若林久は、在任中、現場感覚を重視し、現場視点で本質を見抜く眼力を持っていた経営者である。

若林は2012年、社長に就任以来、西武鉄道沿線の魅力の最大化に心血を注いでいる。

西武秩父駅（埼玉）前の複合温泉施設の開業、所沢駅の大型複合施設の開業、「ムーミンのテーマパーク」のオープンに備えた飯能駅のリニューアル……。

発想の原点は、沿線を人々が働きたい、住みたい、訪れたいと思う魅力ある街にすることにある。実現するためには、顧客と接する現場を知る必要がある。若林が定期的な駅構内巡視だけでなく、頻繁に沿線地域を回り、現場と対話を行う理由である。

若林 久（わかばやし・ひさし） 1949年、静岡県生まれ。早稲田大学商学部卒業後、1972年に伊豆箱根鉄道に入社。東京バス営業所長時代には、組織風土改革を断行し所属員のモチベーションを高め、「最優秀営業所」として表彰。取締役自動車部長、常務取締役自動車部長兼旅行部長、代表取締役社長を経て、2012年より西武鉄道代表取締役社長に就任し、沿線価値の最大化に注力。2020年に退任。

見逃せないのは、若林が現場社員のアイデアを重視し、事業に反映させる仕組みを作っていることだ。例えば、各部署の社員から成る「スマイル&スマイル室」ではイベント、営業企画を担当。通勤型車両を利用した「ビアトレイン」、夜行列車で行く「秩父絶景ツアー」、ビールを飲みながら同窓会ができる「西武線同窓会電車」など新企画に挑戦させている。ほかにも、テーマごとにプロジェクトチームを立ち上げ、現場の社員の意見を反映した取り組みを行う。

では、若林はどうやって現場主義を身につけたか。

若林は、1972年、早稲田大学商学部を卒業後、西武鉄道子会社の伊豆箱根鉄道に入社する。当時、同社では大卒は管理部門に配属するのが通常だったが、デスクワークを嫌った若林は現場の仕事を強く希望した。入社後、箱根・駒ケ岳ロープウェーの改札係を11ヶ月間務めた後、大仁（静岡）のバス営業所に配属。2ヶ月後、貸し切りバスの配車を行う三島（静岡）手配センターへ異動する。旅行代理店などから予約注文が入る。空いているバスを手配する。若林は自分が自由に采配できるバス手配の仕事にやりがいを感じた。

保有車両は70台だが、若林は毎日90台分の予約を受け付けた。過剰予約の連続だったが、2割以上のキャンセルが出たため、バスはフル稼働になった。若林は、自分の工夫と努力で売り上げが伸び、顧客にも喜んでもらえることに感動した。

その後、若林は6年間の総務部勤労課を経て、東京・石神井公園（練馬区）にある、貸し切りバスの東京営業所長に就いた。

営業所は職場の風通しが悪く、全体的に刺々しい雰囲気だった。しかも、本社の労務担当から営業所長になった若林は従業員から冷ややかな目で見られていた。本来なら生え抜きが主任、助役、副所長というステップを踏んで所長になるのが常だ。「なぜ労務上がりが所長になったのか」「人員削減に来たのか」などと陰口を叩かれた。

皆がやり甲斐が持てる職場にしたい――。若林は、運転手一人ひとりと対話すれば必ず分かり合えると確信し、50人全員と対話を重ねる。話をするために、東京タワーや上野公園など運転手のバスが寄る観光名所へ先に行って待つこともあった。

その結果、若林は運転手たちに理解され、運転手たちのモチベーションは上がっていった。バーベキューや花見会を始めるようになると、職場は自由闊達になり、全社の中で「最優秀営業所」に選ばれるに至る。若林は「東京営業所は会社人生の中で一番思い出深い職場」と言う。

以来、若林は現場の輝きが会社を動かすと確信する。

「主役は社員」の経営環境作りで士気を高める

私は、成功する経営者は好不況や成果の良し悪しにもかかわらず、常に危機感を抱いていると考える。その危機感はもちろん、目先の業績の良し悪しというような小さなものではない。5年後、10年後、自社がマーケットから強制退場させられる事態を回避し、存続するためには何が必要か――見つめるのはただその一点だ。そんな大きな問題意識を抱きながら、今日という1日のマネジメントに挑み続けるのが成功する経営者だ。

若林久も、そんな経営者の一人である。

若林が2012年、社長就任以来、同社の業績は堅調に推移している。因みに17年度は13年度に比べ、売上高が3・1％増の1451億円、経常利益が31・4％増の310億円、1日当たりの乗降人員が4・2％増の360万人になっている。

しかし、若林は浮かれてはいなかった。むしろ、危機感を抱いている。

現在、沿線人口は都心回帰の影響で微増だが、増加している。しかし、これは未来永劫のものではない。10年後、20年後には少子高齢化により必ず減少する。このまま手をこまねいていれば間違いなく乗降人員は減り、経営理念「社会の発展、環境の保全に貢献し、（中略）お客様の新たなる感動の創造に誇りと責任を持って挑戦する」を実現することは難しいという危機感である。

そこで、若林は今のうちから人口減少を食い止める施策を打ち出しておくことが大事だと考えた。それが鉄道沿線及び車両・輸送力の「魅力の最大化戦略」であった。

1つはターミナルの「池袋」や「所沢」、「石神井公園」などの拠点の開発。駅周辺を含めて特色に合った開発戦略を打ち出す。同時に、駅舎のグレードアップもその特色に応じて行う。例えば「飯能」。19年3月、市内にできるムーミンのテーマパークの開業に合わせて駅をリニューアルした。「秩父」も、17年春、温泉施設のオープンに合わせて駅をリニューアルした。

もう1つは、西武秩父駅―横浜の元町・中華街駅まで一本で走る「S―TRAIN」投入、観光列車の開始、新型特急の開発など車両・輸送力の魅力の最大化だ。いずれも、危機感から生じた戦略である。

さらに、若林が抱く最大の危機感は「うちは絶対に潰れない」という危機感を持たない社員がいることだ。社員の意識改革を行わなければ会社の将来はない。

そのため、若林は社員一人ひとりが自分の頭で考え、自分の責任で行動する〝主役は社員〟の経営環境作りに腐心している。

その好例が様々な部署から人を集め、イベント事業、営業企画等を担当させている「スマイル&スマイル室」だ。担当者が発案し、実施したイベントは、通勤型車両を利用した「ビアトレイン」、夜行列車で行く「秩父絶景ツアー」などがある。

また、若林はテーマごとにプロジェクトチーム（PT）を立ち上げ、現場の社員の意見を反映させる取り組みを行う。例えば、17年に運行開始した新型車両40000系のPT。コンセプトを決定し、車両外観デザイン、ベビーカーなどを置く車内空間の設置、消臭・抗菌効果のある設備など快適性を追求した車内環境などを提案している。

さらに、本社と現場の管理職から成る年2回の「全社会議」では様々な施策を提案、検討させている。現在話題となっている観光電車「52席の至福」はその会議で提案されたものだ。

その他、社員の発案を実現する仕組みとして、「ほほえみFactory」がある。西武グループ各社から集まった社員がテーマに基づいて議論し、施策やアイデアを経営陣に提案するというもの。事業化されたアイデアは沿線の子育て支援施設である駅チカ保育所「N・icot《にこっと》」の設置などがある。そうした経営環境作りの結果、社員の士気は大いに高まっている。

若林の、「社員主役の経営」への挑戦は続く。

〝バスガイド殴打事件〟で徹底抗議し、乗務員の信頼獲得

私は会社を変えるのはNo.2だと考える。私がいうNo.2とはヒエラルキーに基づく役職やポジションの「2番目」ではない。肩書は副社長かもしれないし、中間管理職、あるいはヒラ社員かもしれない。No.2はそれぞれの階層に存在するのだ。

No.2は、トップに意見を具申する参謀であり、ビジョンの具現化を補佐する役割を担う。またトップと現場を繋ぎ、社員の自発性を引き出し、モチベーションを高め、自由闊達な企業風土に変えていく世話役でもある。No.2に必要なのは知識やテクニックではない。常識にとらわれず、何事も客観視できる冷静さと問題意識、会社を変革することへの情熱を持っているか否かだ。

若林久も、No.2の役割を果たしてきた。

1972年、早稲田大学商学部を卒業後、伊豆箱根鉄道に入社。箱根・駒ケ岳ロープウェーの改札係を振り出しに、自動車部手配センター、総務部勤労課、自動車部東京バス営業所所長、自動車部長などを歴任し、随所でNo.2シップを発揮してきた。

若林流No.2の特徴は、常に仕事の本質、自分の役割は何かという「What」に対する答えを追求してきた点だ。

最初にNo.2的役割を果たしたのは貸し切りバスの配車を行う三島手配センターの時だ。バスの稼働率を100％近くまで高め、自動車部の売り上げ、利益の拡大に大きく貢献している。

成功要因は〝配車の素人〟として、慣例に囚われず、仕事の本質を追求してきたことにある。入社2年目、いきなり貸し切りバスの配車係を命じられた若林は、稼働率を上げるため、所有台数70台を上回る100台分の予約を取り付けた。そのため、配車不能に陥るというトラブルが生じたが、稼働率は高まった。やがて、キャンセルが20％以上出ることを想定したオーバーブッキング（過剰予約）を受けるようになると、バスはフル稼働となった。

従来、手配センターには顧客とのトラブルを避けるため、予約をセーブする慣習があった。しかし、若林は主任になると、過剰予約前提の営業手法へ変えていった。No.2シップの発揮だ。

また、若林は80年代初め、幹部社員の不祥事をきっかけに、同社の企業風土を「社会的使命感を持つ風土」へ変える気運を作った。若林が総務部勤労課に勤務していた32歳のある折、幹部社員が飲酒運転で交通事故を起こした。ところが、会社は「おとがめなし」にした。「なぜだ」。若林は憤り、上司に理由を詰問した。すると「もう済んだことだ。掘り返すな」。若林は引き下がらず、訴え続けた。「不正には厳正に対処すべきだ。原因を究明し、再発防止策を講じなければ社会的信用は失墜する」

結局、不祥事は不問に付された。しかし、遵法精神の醸成に一石を投じた若林の考えは、20年後、同社の「企業倫理規範」作りに生かされた。

若林の名前が社内に知れ渡ったのは、東京バス営業所長になった37歳の時だ。東京バス営業所を全営業所の中、「最優秀営業所」に作り上げたのである。では、若林は何をしたのか。

着任した当時、職場は刺々しい雰囲気で、風通しが悪かった。しかも、本社労務から来た若林に乗務員は冷たかった。そこで若林は、乗務員と対話を重ねることに心を砕いた。

そんなあるとき、バスガイドが修学旅行の生徒に殴られるという事件が起こる。若林は現場に駆けつけ、担任の教師に抗議をした。教師は「こんなのはよくあること」と開き直った。若林が抗議を続けると、校長が来て「若いのに部下のことをよく思っている方だ。

今後もこういう所長がいる会社にバスを任せたい」と言った。そんな若林の動きを一部始終見ていた乗務員たちは、「われわれのことを心底大切に思ってくれているんだ」と若林の本気を確信した。それを機に従業員は生き生きとし、職場は明るくなり、業績も向上した。

その後、若林は社長を補佐するNo.2として活躍していく。

天職からの異動…「幸運思考」で逆境を克服

「運」というのは、「私は運が良い」と思う人につき、「運が悪い」と思う人にはつかないようだ。現に成功している経営者の多くが、私の質問に「自分は運に恵まれた」と答えている。彼らに共通するのは、逆境でも「運が良い」と思えることだ。人は誰しも同じような体験をして、同じような経験をする。それに対して「運が良かった」と思えるような人が成功している。

そして、どんな辛い経験をも学習であり、自己鍛錬であり、試練だと思える。そんな幸運思考の人が成功者になっている。

若林久も、「自分は強運だ」と明言してはばからない。早稲田大学商学部を卒業し、郷里の三島市（静岡）に本社がある伊豆箱根鉄道に就職できたことに始まり、箱根・駒ヶ岳ロープウェー改札係、貸し切りバス手配センター、総務部勤労課、東京バス営業所長、自動車部長、取締役自動車部長などを歴任し、伊豆箱根鉄道の経営を任されたことに至るまで、現場で地道に仕事をこなす一社員に過ぎなかった自分がここまでやってこられたのは、上司や先輩のおかげと考えている。

若林のビジネスの原体験は、入社2年目から7年間携わった貸し切りバスの手配だった。

入社以来、現場の仕事を強く希望し続けた若林は、本来なら大卒人事ローテーションにより管理部門へ配属されるところだが、バス営業所の現場に配属された。運が良かった。バス営業所に着任した2日目の夜、さっさと一人で夜7時に風呂に入り、制服を脱いでくつろいでいると、指導係の先輩から「何をしているんだ」と怒られた。若林は、前のロープウェー係の時と同様に営業終了後なら風呂へ入っても問題はないだろうと自分で判断したのだ。

その5ヶ月後、若林は観光バス配車センターへ配属。自分の工夫と努力で売り上げが伸びること、顧客に喜んでもらえることが嬉しくて仕方がなかった。

着任2年目、営業実績を上げ、嬉々として働く若林は、上司から配属理由を聞かされた。命じたのは自動車部長の大倉正昭（故人、元伊豆箱根鉄道常務取締役）。大仁バス営業所での若林の噂を聞き、「常識に囚われないおもしろいやつだ」と思い、バスの手配をさせれば売り上げを伸ばしてくれるのではと期待したようだ。大倉の思いを知った若林は、「素晴らしい部長に巡り合え、運がいい」と一層、仕事に励んだ。

もう一人、若き若林を導いた部長がいた。31歳の時、天職と思っていた配車係から総務部勤労課へ異動。若林は毎日、落ち込みながら働いていた。ある折、総務部長の遠藤治夫(元同社常務取締役)が言った。「お前、新しい仕事で頑張っているそうじゃないか。営業と管理部門を両方経験させてもらえるなんて、幸せ者だ」。若林が落ち込んでいるのを見透かしての言葉だった。

その時、若林は「弱音を吐いたところでものごとは改善しない」と気付き、遠藤に感謝し、「オレは運がいい」と思った。

「幸運思考」で大事なのは、学ぶ姿勢だ。若林は「人は対話をすれば必ずわかり合える」ことを東京バス営業所長の時に学び取った。

若林は、自分の思いを伝えようと従業員との対話に腐心した。すると従業員は生き生きとし始め、職場は明るくなり、業績も向上した。この時、社員は納得すると自発的に動くこと、何よりも達成感を味わわせることが大切だということを学んだ。

最大の学びは、取締役自動車部長として取り組んだ会社再建の〝非情さ〟だった。

2004年、伊豆箱根鉄道が親会社の西武鉄道と同様、有価証券報告書虚偽記載問題で上場廃止に追い込まれ、再建を強いられると、ホテルの売却やバス営業所の閉鎖などを余儀なくされ、多くの仲間が職場を去らざるを得なかった。以来、若林は仲間を二度と同じような目に合わせてはならないと肝に銘じ、再建に全力を尽くしてきた。

こうした学びが若林の考えに生きている。

「新車両」「温泉施設」「新しい街づくり」…言行一致力で沿線の魅力向上

私は、経営者の責任とは、何よりもまず、自分たちの企業の未来を信じ、社員一人ひとりに会社のビジョンや自分の想いを伝え、全員がそれを共有できるようにすることであると考える。

では、経営者が自分の理念やビジョンを社内に徹底するための条件は何か。1つは、自分の言葉で何度も愚直に、繰り返し語り続けること。もう1つは、言行を一致させること。この2つを実行して初めて経営者の本気が社員に伝わり、社員の心が動く。

若林久はどうか。社長就任以来、自分の言葉で理念や方向性を語るだけでなく、実際の会社運営と一致させてきた。決して形骸化させず、語った通りの会社運営を実行している。

若林流の特筆すべき点は、まさにこの「言行一致」の断固たる実行にある。若林は長期ビジョン「あれも、これも、かなう。西武鉄道」を策定し、「幅広い魅力を持つ西武沿線で、お客様が『かなえたい』と思う夢や希望をかなえていこう」という想いを伝え続ける。そのため、「西武鉄道沿線の『魅力の最大化』」「西武鉄道の潜在力の顕在化」「訪日外国人観光客の誘致」などビジョン、方向性を打ち出し、その宣言通り実行している。

例えば、西武沿線の魅力の最大化の実現――。つまり、「行ってみたい、住んでみたい、働いてみたいと思う沿線の街」作りへの挑戦だ。若林は沿線を副都心、秩父、所沢、石神井、入間・狭山、拝島、川越の7つのエリアに分け、エリアごとに目標を設定、事業を推進する「エリア戦略」に取り組んでいる。

沿線の「魅力の最大化戦略」の代表例は秩父エリアだ。秩父は首都圏に最も近い森と渓谷の国立公園で、季節ごとに風光明媚なスポットに恵まれている。そこで観光地として登山、温泉などの利便性を増加させ、競争力がある、観光大国の一翼を担うエリアを目指す。

秩父を軽井沢、箱根に次ぐ観光スポットにしたい――。若林は17年、西武秩父駅―横浜の元町・中華街駅を一本で行き来する有料座席指定列車「S―TRAIN」を投入。また、西武秩父駅前に複合温泉施設「祭の湯」を開業する。さらに秩父・三峯神社で絶景の雲海&星空観賞を目指す「秩父絶景ツアー」、全席レストラン車両の「西武旅するレストラン『52席の至福』」など次々と新事業に挑戦している。

成果は、17年度の西武秩父駅の観光客数が対前年比10・4％増、また15年度の秩父地域の観光客数が前年比19万人増の約928万人という数字に表れている。若林はその達成感を全社員で共有させている。

また、「住みたい街ランキング№1」を目標に掲げているのが石神井公園エリアだ。駅周辺に商業施設、生活サポート施設、高級賃貸マンションを開発し、高級住宅街イメージの街づくりに取り組んでいる。石神井公園駅の17年度の1日当たりの乗降客数は8万1000人。この4年間で10%増加している。

若林が言う。

「将来はランキング上位の街を西武沿線駅で独占したいと考えているのです」

また、所沢エリアは所沢駅が池袋線・新宿線の結節点であり、「働きたい街・住みたい街・訪れたい街」が両立するエリアを目指す。18年には東口に、複合施設を開業、西口は20年代半ばの開業を目指して大規模商業施設の開発を計画している。

さらに、入間・狭山エリアは、緑あふれる街区形成を目指し、川越エリアは「小江戸」というテーマ性を持った観光エリアという位置づけだ。いずれのエリアも乗降客数は13年度からの4年間で6～10%増えている。

もう1つ、若林が言行を一致させているのは「訪日外国人観光客の誘致」だ。言うだけでなく、実際に台湾及びマレーシアの各鉄道会社と「姉妹鉄道協定」を結び、観光客の誘致を図っている。

こうした若林の思いを伝えるエネルギーと言行一致の実行力が西武鉄道躍進の大きな要因になっていることは間違いない。

重大事故で信頼失墜…「安全が一番」の浸透に全力

経営者の最も大事な仕事は、経営理念、ビジョンを社内に徹底させることだ。自分の言葉で粘り強く、繰り返し語り続けることである。その上でビジョンを実現すべくターゲット、目標を与える。それを的確なものにするためには経営者に〝現場感覚〟のあること、すなわち事業に精通していることが不可欠だ。

その点、若林久は、理念「地域・社会の発展、環境の保全に貢献し、安全で快適なサービスを提供する」を繰り返し語る。

特にグループ宣言で最初に掲げた「常に、『安全』を基本に、すべての事業・サービスを推進する」は社内に徹底させている。つまり、安全最優先の企業文化の構築を訴え続けているのだ。

若林は、2012年の社長就任以来、頻繁に沿線各駅を回り、自分の目で安全確認を行っている。

また、年数回の「輸送の安全確保総点検」の際には、巡視を行うと同時に、安全管理状況の確認や現場との意見交換を行うなど、安全に関して積極的にコミュニケーションを図っている。

さらに安全推進部担当役員、安全推進部長が中心となり、全ての現業、職場を訪問し、現場の係員と〝事故の芽〟（事故に繋がる恐れのある事項）情報に関する意見交換を実施させている。

若林が心を砕いているのは、社員一人ひとりの「安全意識」の醸成であり、「安全思想」の浸透である。そのため、安全方針や行動規範を示したカードを全社員に配布し、各現業職場での点呼時などで唱和を行っている。

また、若林は、「安全思想」を経営陣から現業係員一人ひとりに至るまで全社に浸透させる仕組み作りに力を注いでいる。

1つは、毎月1度の安全会議だ。それも社長をトップに、安全管理規定に記載された各責任者及び関係部長から成る「運輸安全推進委員会」、その下部組織で課長クラス中心の「鉄道安全幹事会」、委員会、幹事会での決定事項を周知徹底する「現業長会議」、各現業職場単位で周知徹底する「月次教育」がある。

1つは、毎年1度、会社主催の「総合復旧訓練」と、各職場単位で実施する「異常時訓練・災害訓練」がある。若林が言う。

「私は現場には『増収、増収』と言わないようにしています。安全が疎かになってしまうからです。『安全が一番大切だ』と繰り返し言い続けています」

なぜ、若林はここまで徹底して安全にこだわるのか──。若林が伊豆箱根鉄道の取締役自動車部長を務めていた02年、熱海市内の街道を走っていた観光バスが対向車線にはみ出し、壁面に衝突、乗客1名が死亡、32名が重軽傷を負うという重大事故が発生した。原因は運転士が下り坂でフットブレーキを掛け過ぎたため、ブレーキが効かなくなったことにあった。原理原則が守られていなかったのだ。

責任者だった若林は、事故の悲惨さや重大性を認識すると同時に、取り返しのつかない大きな責任を感じた。

事故は連日報道され、伊豆箱根鉄道の社会的信用は失墜した。

事故を起こすと、事業の継続が難しい。顧客の信頼を失い、利用してもらえなくなる。若林はこのことを痛感し、安全の重要性と安全に対する危機感を強く抱くようになった。

「大切なのは、社員一人ひとりが『安全』の重要性を認識することです。いくら会社が『安全第一』と声高に叫んでも、社員が重要性を認識しない限り、事故はなくならない。それまで、会社が社員に安全を押し付ける部分があった。社員にも、会社から言われたからやっているという雰囲気が見られました」

若林は、重大事故を経て、社員が安全に対して真剣に取り組み、乗客の大切な命を預かる責任を強く自覚しない限り、事故は減らないと再認識した。安全安心を訴え続ける理由である。

こうして、「世界一安全で、快適なサービスの鉄道会社」を実現すべく、若林の戦いは続くのである。

3

中山泰男《なかやまやすお》　セコム社長（現会長）

日銀時代に培ったNo.2シップで会社を動かす

組織の分割・再編、さらには法改正で手腕を発揮

私は、会社の主役は常に社員でなければならないと考える。社員が主役になることで社員力が発揮され、会社は動く。トップの意思がトップにとどまっている限り、会社は動かない。トップの意思が社員に伝わり、社員の意思へと転換され増幅されるから、会社は動くのである。

では、誰がトップの意思を社員に転換させるか。この転換装置となるのが「No.2」である。私が言うNo.2とは役職やポジションの2番目ではない。企業を変え、成長させる主役である。トップの掲げる企業理念やビジョンを実現すべく動く人であり、そのため実質的

に社員を動かす人のことだ。№.２については拙著『続く会社、続かない会社は№.２で決まる』（講談社＋α新書）に詳しい。

２０１９年６月、セコム社長から会長に就任した中山泰男も同様、過去、№.２の役割を果たしてきた。

中山は１９７６年、東京大学法学部を卒業、日銀に入行する。日銀では企画局政策広報課長、営業局金融課長、金融市場局金融市場課長、大分支店長、政策委員会室審議役、名古屋支店長などを歴任。２００７年、セコムに入社。常務取締役、同総務本部長を経て16年、社長に就任するまで随所で№.２シップを発揮してきた。

中山泰男（なかやま・やすお）　1952年、大阪府生まれ。東京大学法学部第2類卒業後、1976年に日本銀行に入行。企画局政策広報課長、営業局金融課長、金融市場局金融市場課長、大分支店長、名古屋支店長、政策委員会室長を経て、2007年にセコム株式会社入社。常務取締役総務本部長を経て、2016年に代表取締役社長就任。2019年6月より代表取締役会長に就任。

中山は現在、「全員経営」を訴え、社員一人ひとりが自分の頭で考え、自分の責任で行動する、誇りとやりがいを持てる、満足度の高い会社づくりに力を注いでいる。

社員がワクワクする会社にする――。中山の確信は、かつて日銀で組織の分割・再編、日銀法の改正など新しい挑戦に全力投球し、成し遂げた自らの成功体験に基づくものだ。

中山が最初に〝No.2〟の役割を果たしたのは1996年、営業局金融課長の時だ。

中山がまず取り組んだのは、自らが所属する営業局の分割・再編という組織の見直しだった。再編チームのリーダーとして丸1年間取り組んだ結果、営業局は金融調節をはじめ金融市場全般をモニタリングする金融市場局と、金融機関経営をモニタリングする考査局の2つに再編された。

さらに、中山は96年～98年、営業局金融課長、金融市場局金融市場課長として日銀の金融政策をリードした。

折しも、北海道拓殖銀行、山一證券など大手金融機関の経営破綻、アジア通貨危機が続けざまに起こる。中山は未曽有の信用収縮への対応に不眠不休で奔走した。金融市場の行き過ぎた信用不安を是正するため、日銀がリスクを取る金融市場に金を潤沢に供給するCPオペを総裁の松下康雄（当時）に直訴し、実行した。No.2シップの発揮である。

また、中山のNo.2としての活躍で見逃せないのは、日銀法改正の議論を積極的に支持し、法改正の機運を高めたことだ。

当時、日本は〝金融ビッグバン〟と呼ばれる大規模金融制度改革が迫られ、日銀も経済の市場化、国際化という金融経済環境の変化に対応するため、旧法を改正しグローバルスタンダードを踏まえて日銀の役割を再構築することが求められていた。

中山は金融課長の本業の傍ら、マーケットを預かる責任者として持論の日銀法改正を唱え、改正の理念である「独立性」「透明性」の議論を支持した。例えば、金融政策運営は政府から独立した中央銀行の判断に任せること、また、政策の決定内容や決定過程の透明性を高めることなどだ。

中山の議論は改正に生かされ、改正法は97年に公布、98年に施行された。その後、中山は大分支店長、名古屋支店長を歴任。いずれの支店でも、日銀の役割、使命を理解してもらうため、積極的に講演を引き受け、どんな重要な講演会でも常に生活者目線でわかり易い講演を行う一方、経済人たちと頻繁に会い、緊密なコミュニケーションを取った。

特に名古屋支店長の時は経済の実態を認識するため、自動車産業などの経営者たちの生の判断や先読みを勉強し、日銀の金融政策にフィードバックした。

その後、中山は総裁の福井俊彦を補佐する№2として活躍する。

日本経済に貢献したい…「志」を持ってセコムに転身

成長を遂げる企業の経営者に共通するのは、「社会に役立ちたい」という「志」を立てていることだ。

中山も、一貫して「世のため、人のため」に役立つ人間になりたいという「志」を持ち続けている。

日銀時代は、企画局政策広報課長、営業局金融課長、大分支店長、政策委員会室審議役、名古屋支店長など各部署での使命をしっかり果たし、現在はセコムの経営トップとしての役割、「世のため、人のため」という自発性の企業文化を企業に埋め込み、持続的成長を遂げることに挑戦する。

中山は、創業者の飯田亮（取締役最高顧問）の経営理念「あらゆる不安のない社会の実現」と、ビジョン「社会システム産業の構築」を継承し、実践することが「志」を遂げる不可欠な条件だと考える。

では、中山が志を抱くようになったのはいつ頃からか。

父親は大阪の中小企業の経営者。元気に一生懸命に働く父親の背中を見て育った。小中学校時代は野球、サッカーをやるスポーツ少年だった。高校時代には文化祭で同級生と漫才を披露するなどひょうきんな面を持っていた。そうした反面、中山は「論理思考」の持ち主であった。

論理思考は小学生の時に養われた。きっかけは3、4年の担任教師に、「中山さんは、物事を論理的に理解し話す能力がある。その能力を高めてあげたい」と言われ、数人の同級生とともに、「テーマを与えるから、そのテーマを調べ、それをみんなに発表しなさい」と指導されたことだ。決められたテーマを自分で調べ、考えを詰めて発表する。論理思考が鍛えられた。

中山が志を立てるのは、大学時代だ。日銀に入行したのは、「日本経済全体に貢献する人間になりたい」という「志」からだ。特定の業界と関わる行政の中央官庁よりも、日本経済全体を考える日銀のほうに魅力を感じていた。金融政策を勉強するため、法学部の学生でありながら経済学部の講義を受けていたゆえんである。

日銀では政策広報課長、金融課長、大分支店長、名古屋支店長、政策委員会室長を歴任。いずれも、副総裁、総裁への道に繋がる重要ポストである。

ところが、中山は民間企業のセコムに転身する。なぜか。日本経済の活力を生み出す主体である企業で、社会に貢献したいと考えるようになったからだ。つまり、「志」が日本経済の〝インフラ整備〟面での貢献から、企業の経営陣として経済活性化への貢献へと変わったのだ。

きっかけは、大分支店、名古屋支店に赴任した折、地域経済の担い手である企業の経営者と頻繁に会い、密にコミュニケーションを取る中で、経営者の生の判断、先読みが経済の活力を生んでいることを実感したことにある。

特に名古屋支店では日本経済に大きな影響を与えている自動車産業を精力的に回り、経営者と意見を交換した。経営者から直接、経営理念、ビジョン、方向性などを聞き、企業がいかに産業の活性化にエネルギーを注ぎ込んでいるかを強く認識した。

中山が言う。

「名古屋に赴任して改めて経済活力の主役は企業経営者だと認識しました。日銀は非常に大事な仕事をしていますが、あくまでもインフラの仕事です。相撲で言えば、土俵を作り、ルールを決め、環境を整える役です。主役はやはり相撲力士です」

中山は、民間企業で社会に貢献したいと考えるようになった。54歳の時である。

中山はかつての上司、三重野康（元日銀総裁）に相談した。三重野とは総裁時代、政策広報課長として頻繁に報告、打ち合わせで話をする機会があり、親しい関係になっていた。三重野から再考を促されたが、「決心は揺らぎません」。やがて「セコムはどうだい」と言われ、三重野の友人である飯田亮の面接を受けた。

こうして中山は、セコムで社会に貢献するという志を立てるのである。

「傍流体験組」だからこそ持てた問題意識

企業を成長させている経営者の中には、傍流体験を有する経営者が多い。海外や子会社、周辺の部署で苦労した人、あるいは転職した人……。これらの人は既存事業に対し、しがらみがないため、思い切った決断ができるという面がある。また外から客観的に会社を眺めているため、会社の事実を冷静に認識し、改革すべき不合理な点をよく見いだせる。主流を歩み、順調に出世してきた人よりは改革を成功させているケースが多い。

その点、中山も同様、日本銀行から来た正真正銘の〝傍流体験組〟である。

2007年、セコム顧問に就いた中山は、常務取締役、同総務本部長を経て社長に就任するまで、どうやってセコムに溶け込んでいったか。

まず、中山は自らの使命はセコムの企業価値を高めることにあると規定した。セコムを持続的成長を遂げる企業にすることが自分の役割だと考えたのだ。

そのため、創業者・飯田亮の経営哲学はもちろん、経営手法から事業内容、セキュリティ市場の変遷に至るまで徹底的に勉強した。驚いたのは飯田の作った理念「あらゆる不安のない社会の実現」と、ビジョン「社会システム産業の構築」が極めて具体的かつ明確で、曖昧なところがないことだった。その理念は、日銀時代に研究してきた世界の優秀企業と比較しても遜色がなかった。

ところが、セコムの理念は社会に十分には知られていない。実質主義のセコムは、「黙っていても世の中の人はわかってくれるはず」と外への発信が手薄だったからだ。中山は理念をどう伝え、どう実践していくかを社員に考えさせることにより、社員が意識を高揚させ、自らの頭で考え、活動する風土を醸成したいと考えた。

もう1つ、中山が感じたのは社員の危機感の欠如だ。セコムは連続性があり、時間経過とともに収益が積み上がる安定的継続収入のストックビジネス。常に新規の取り引きの連続で成り立つ製造業と違い、製品の販売不振で業績が急に落ちることがない。増収増益を続けていると、緊張感がなくなり、大企業病が蔓延する可能性がある。

さらに中山は、社員は過去の延長線上でしかものを考えられなくなっていると危惧した。テクノロジーの進歩や人口減少、テロ、サイバー攻撃など新たなリスクにどう対応していくか――。外から客観的に眺められる傍流体験組ならではの問題意識だった。

そんな中山が常務取締役として取り組んだのが、コーポレートガバナンスとCSR（企業の社会的責任）を社内に根付かせることだった。ガバナンスではいち早く社外取締役制を導入した。

もともとセコムは、企業理念「社会に有益な事業を行う」を掲げ、それを事業選択の根底に据えていた。「社会に役立つことが自分の喜びになる」という風土も根付いている。また、環境については、セコムの安全安心のあらゆる活動の基盤に環境保全活動がある、との「環境基本理念」を定め、取り組んでいる。

にもかかわらず、セコムはこうしたCSRの取り組みをあまり発信していない。社会に開示し、理解してもらう必要がある。中山は「社会・環境推進部」を創設し、強力な活動を進めると同時に、社会に理解してもらうべく情報発信を開始する。成果は、環境国際NGO「CDP」による最高レベルの企業認定という評価に顕れた。

大事なのは、中山に自然な形でセコムに溶け込もうという強い意思があったことだ。

どんな場合にも、自分は自分でいようと思い、そのうえで自然な形でセコムという会社に同化できればと思っていた。その手法は、顔と顔の対話。中山が短期間で社内に多くの繋がりを持てたのは、ガバナンスやＣＳＲ推進、営業のサポートなど頻繁に対話の機会を設け、社内人脈を築いたからである。

中山は２０１６年、社長に就任すると、「企業理念の透徹」「社員満足を原点とする全員経営」を打ち出し、17年には「２０３０年ビジョン」公表の中で、社会との繋がりをベースに暮らしや社会に安心を提供する「あんしんプラットフォーム」構想を掲げた。

傍流体験が生きていたからこそ実現した挑戦だ。

社員満足を原点にする「全員経営」の実行

成功する企業の経営トップには「夢」や「志」、あるいは「使命感」がある。では、使命感を行動に表わすには何が必要か。また、「夢」を実現する強い意思とは何か。

それは「胆力」、言い換えれば「覚悟」に他ならない。胆力がなければ、使命感を行動に移すことも、意思を貫き通すこともできない。ビジョンや目標は誰でも描ける。しかし、それを実現すべく実行となると胆力が要る。決断するときはもちろん、新しいことに踏み出すときはなおさらだ。覚悟については拙著『確信と覚悟の経営』（さくら舎）に詳しい。

中山泰男の覚悟は、社長就任以来断行している数々の改革をみればうなずける。

まず、社員満足度向上、抜本的採用改革、組織内交流促進への見直しなど制度改革に着手し、続いて「2030年ビジョン」、「ロードマップ2022」を矢継ぎ早に策定。また、事業改革としてコールセンター運営会社TMJ、東芝セキュリティの買収、中国ハイアールグループやイオンディライトとのパートナーシップ提携などがある。

さらに、組織改革としては社内横断的組織「AI／IoT活用推進プロジェクト」の発足、風土改革としては理念を浸透させる「Tr:i–:ion（トリオン）活動」がある。

中山の覚悟は常務時代に考え抜いて得た確信が前提となっている。セコムのミッション「あらゆる不安のない社会の実現」とビジョン「社会システム産業の構築」を実践するためには「社員満足を原点にする全員経営」の実行が不可欠という確信だ。

変化の激しい時代には企業は変化適応力を身に着ける必要がある。そのためには社員一人ひとりが自分の頭で考えて判断し、行動する——。それが中山のいう全員経営なのだ。

また、中山流の特徴は「社員満足」をベースにしている点である。社員一人ひとりが仕事に誇りを持って働く。するとサービス・商品がよりよいものとなり、顧客は感動し、満足度が向上する。その結果、社員の満足度は一層向上するという「正のスパイラル」を回すことを目指している。

中山がいかに社員満足の向上に心を砕いているかは、17年に実施した月額3000円のベースアップに表れている。毎年定期昇給、諸手当の見直しは行っているが、ベースアップは実に11年ぶりだ。

社員満足の環境づくりで見逃せないのは、中山が経営者として企業の未来像を描き、未来の企業の社会的存在意義を示し、社員の役割を提示していることだ。

中山の全員経営への取り組みで注目すべきは、社員を新たなプロジェクトに参加させ、社員が自らの頭で考え、行動し、達成感を味わわせていることにある。

例えば「２０３０年ビジョン」の策定。中山はまず、若手社員中心のチームを立ち上げ、方向性を伝え、プランをまとめさせた。そこから生まれたのが一人ひとりに寄り添い、切れ目のない安心を提供する「あんしんプラットフォーム」構想。いわば〝全員参加〟で作り上げた構想である。

それを実現するには多様なパートナーとの連携が不可欠である。例としては、半導体大手ルネサスエレクトロニクスと組むことでＩｏＴ時代のセキュリティーを実現したセキュリティー半導体サービス。ＡＧＣ、ＤｅＮＡ、ＮＴＴドコモ各社とのオープンイノベーションによる世界初の「バーチャル警備システム」の開発等々がある。

中山は「あんしんプラットフォーム」を世界で展開する考えだ。現在、セコムは世界17の国と地域で事業展開する。中でも英国のセコムＰＬＣは英防災業界最大の表彰制度で「最優秀監視カメラシステム賞」を受賞するなど品質の高さが評価されている。

そんなセコムの高品質を今後いかに世界に示していくか。セコムを中心とした警備業が

〝オールジャパン〟のワンチームで取り組む「東京オリンピック・パラリンピック」は、中山にとって「覚悟の経営」の腕の見せ所となる。

4

永野《なが の》毅《つよし》　東京海上ホールディングス社長（現会長）

「幸運思考」で企業に成功を呼び込む

決してあきらめない粘り強さで「超保険」を開発

私は成功する企業経営者には「幸運思考」があると考えている。「運」というのは、「私は運が良い」と思う人につき、「運が悪い」と思う人にはつかないようだ。現に、成功する経営者の多くが「自分は運に恵まれた」と語っている。

彼らに共通するのは、逆境でも「運が良い」と思えることだ。人は誰しも同じような体験をし、同じような経験をする。それに対して「運が良かった」と思えるような人が成功している。どんな辛い経験をも、学習であり、自己鍛錬であり、試練だと思える。そんな「幸運思考」の人が「成功者」になっているようだ。

2019年6月、東京海上ホールディングス社長から会長に就任した永野毅も、「自分は運に恵まれている」と明言する。慶應義塾大学商学部を卒業し、損保最大手の東京海上に入社できたことに始まり、東京営業第三部を振り出しに法人向け保険営業、米ロスアンゼルス駐在、商品・サービス開発部長などを歴任し、東京海上の経営を任されたことに至るまでずっと運が良かったと考えている。

永野が、何事もあきらめないのも、粘り強いのも、学び心が旺盛なのも、基本的に「幸運思考」であるからだ。とりわけ、重要なのは、あきらめないことだ。途中でうまくいかず、挫折感に苛まれても、くじけないで、やり続けることができるかどうか。これが成功と失敗の分かれ目となる。

その点、永野自身、「あきらめない人」を地で行くようなビジネス人生を送ってきた。

まず、入社後7年間携わった東京営業第三部ではゼネコンを担当し、「営業とは人と人のつながりと信頼

永野 毅（ながの・つよし）　1952年、高知県生まれ。慶應義塾大学商学部卒業後、1975年に東京海上火災保険に入社。ロスアンゼルス駐在、経営企画、海外総括等を経て、2013年に東京海上ホールディングスと東京海上日動火災の社長に就任。2016年から東京海上ホールディングスの社長兼グループCEOとしてグループ全体の舵取りに専念。お客様と社会の「いざ」というとき役に立つ会社"Good Company"の実現に向け陣頭指揮を執る。2019年に取締役会長に就任。

が全て」ということを学んだ。永野は、保険の発注を仕切っていたある建設会社の幹部に近づこうとしたが、最初は相手にされなかった。

しかし、あきらめず、幹部と一生懸命付き合った。1週間の予定を聞き出し、幹部が地方へ出張した時は地方までついて行った。建設会社は工事現場で保険の見積もりをするため、そこに保険会社の営業マンがいれば取引できる可能性は高まる。永野はあらゆる工事現場を訪ねて回った。幹部の信頼を得ると、受注は増えていった。粘った結果だった。

また、6年間の米ロスアンゼルス赴任時代も、粘り強さを発揮した。ロスでは、日本企業の米現地法人（日系企業）との取引が米国の保険会社に奪われるという事態が起きていた。日系企業は現地化を推進し、米国内の保険契約を現地の米国人幹部が決める仕組みに変えていた。

東京海上の米国現地法人は、日系企業のそうした動きを把握しておらず、相変わらず日本の本社や米国駐在の日本人社長に営業をしていた。素通りされた米国人幹部は苦々しくそれをみていた。人と人の信頼が崩れたことが取引を失った原因だった。

永野はあきらめずに、米国人幹部と一生懸命付き合うようにした。毎日のようにランチをともにし、東京海上の価値観や営業マンの人間性を売り込む。土日は夫婦そろって家族ぐるみで付き合った。そうして永野は6年間で失った契約を全部取り戻した。

もう1つ、粘り強さを象徴するエピソードに、永野が責任者として主導した生損保一体型商品「超保険」の開発がある。補償を1つにまとめたオーダーメイド型商品「超保険」はコンセプトこそ画期的とは言え、商品設計やシステムが複雑で、当初は受け入れられなかった。収益が伸びず、社内からは批判の声が上がり、撤退すら議論されるようになった。

しかし、永野はあきらめなかった。全国の代理店を訪れて「将来の保険市場を担う保険だ」と説いて回った。賛同者が増えていき、中には逆に、社員に「超保険」をもっと売り込むよう訴える代理店も現れた。代理店や社内から改善提案を聞き、消費者に分かり易くしたことで市場に受け入れられるようになった。

何よりも樋口公啓（故人）、石原邦夫（現相談役）、隅修三（現相談役）の3代の社長が支持してくれたことが成功に繋がった。「自分は運が良い」と永野は思った。

5人1組で対応する「おもてなしの心」で営業改革

企業を持続させるためには理念を守りつつ改革しなければならない。昨日と同じではいけない。過去の自分を否定し、過去の成功体験を否定し、過去の会社のあり方を否定する。変化するビジネスシーンにおいて、変わり続けない限り、継続はできない。それはつまり、過去、常識、慣習を覆し、イノベーションを継続して行うことに他ならない。それができる人材こそ経営者であると私は考える。

その点、永野毅も、経営理念の実現に向けて、新しいことに挑戦し続ける。

2013年、社長就任以来、永野は業界初の新商品・新サービスを続々と投入している。15年にはサイバーリスクに対して幅広い補償・サービスを提供する「サイバーリスク保険」、17年には通信機能付き「ドライブレコーダー」を活用したサービス「ドライブエージェントパーソナル」、18年には認知症の人と家族のための専用保険「認知症安心プラン」など。さらに、15年には約9400億円を投じて専門性の高い企業向け保険を扱う米保険会社、HCCインシュアランス・ホールディングスを買収し、新事業領域に進出するなど事業革新も行っている。

入社以来、主に法人営業、営業企画部門を歩んできた永野は過去のやり方や慣例を無批判に受け入れることなく、随所で改革を実行してきた。

最初に永野が、企業保険の営業手法の常識を覆したのは、ロスアンゼルス駐在の時である。

1988年、ロスに駐在した時、米国現地法人の米国東京海上では、取引先の保険契約が自社から米国の保険会社に切り替えられる事態が起こり、業績が悪化していた。永野はどうすれば契約を奪回できるかを考え続けた。米国の大手保険会社は米国東京海上に比べ、規模も利益も大きく、システムもしっかりしている。だが、弱点が必ずあるはずだ。やがて永野は、彼らは約束を守ることに細心の注意を払っていないこと、窓口の対応が不誠実であることに気づいた。

そこで永野は、日本人ならではの「おもてなしの心」を前面に出して、チームで顧客に対応する「チームアプローチ」を編み出した。〝営業改革〟である。1チーム5人編成で、営業、事務、事故対応など担当を決め、リスクを想定し、先手を打って顧客に対応する。

その結果、永野が帰国する94年には失った保険を全部取り戻し、業績を向上させた。チームアプローチの概念はその後日本に導入された。

永野の名前が業界にとどろいたのは、商品・サービス開発部長として日本初の生損保一体型商品「超保険」の開発を主導した時だ。

2000年、永野は社長の樋口公啓（故人）から「これ1つあったら安心という商品はできないか」と言われた。永野も常々、保険は種類が多すぎて、消費者には分かりにくい。家族や個人向けの損保と生保を消費者目線で1つにまとめれば、もっと分かり易くなると考えていた。考えて考え抜いて、到達したのが、1つのプラットフォームに生保と損保を入れて、必要な備えをムダや漏れなく設計できるオーダーメイド保険の開発だった。

超保険は、システムだけで100億円を投入し、開発から発売までに2年をかけた。画期的な商品であっただけに、社内の期待は大きく、発売初日に1000件以上の新規契約を見込んだ。

ところが、実際に契約できたのは十数件だった。市場に受け入れられず、収益は一向に伸びない。社内ではプロジェクトを撤退すべきだという声も囁かれた。永野は社長の隅修三を説得し、プロジェクト続行の了解を取り付けた。また、全国行脚で代理店を回り、現場の声に耳を傾け、思いを説いて回った。

「これは保険文化の革命だ。これからはお客様起点でサービスを提供しなければならない」

その結果、超保険は飛躍的な成長を遂げ、現在加入所帯数は約200万件、損保と生保を合算した収入保険料は約2300億円にまで達し、東京海上の主力商品となっている。

「仕事の本質は何か」「自分の役割は何か」を考え続けるNo.2

私は会社を変えるのは「No.2」だと考える。私がいうNo.2とは、役職やポジションの「2番目」ではない。肩書は副社長、専務かもしれないし、中間管理職の中から出てくるかもしれない。

No.2は、トップに意見を具申する参謀であり、ビジョンの具現化を補佐する役割を担う。また、トップと現場をつなぎ、社員の自発性を引き出し、モチベーションを高め、自由闊達な企業風土に変えていく世話役でもある。

No.2に必要なのは、知識やテクニックではない。会社の存在意義とは何か、仕事を通じて社会をどう変えたいのかという明確な「使命感」だ。何事も客観視できる冷静さと問題意識、会社を変革することへの情熱を持っているか否かだ。

それを私は、「№２シップ」と呼ぶ。№２については拙著『続く会社、続かない会社は№２で決まる』（講談社＋α新書）に詳しい。

永野毅も、№２シップを発揮してきた。

永野は１９７５年、慶應義塾大学商学部を卒業後、東京海上に入社。東京営業第三部を振り出しに名古屋支店営業第四部、ロスアンゼルス駐在員、経営企画部次長、商品・サービス開発部長、執行役員東海本部名古屋営業第三部長などを歴任するが、随所で№２の役割を果たしてきた。

永野の№２としての特徴は、常に仕事の本質は何か、自分の役割は何かという「Ｗｈａｔ」に対する答えを追求してきた点だ。「何のために、この会社はあるのか」という本質論抜きに、「いかに売るか」という「Ｈｏｗ Ｔｏ」を議論したところで意味がないと考えてきた。

入社後配属された東京営業第三部で7年間、ゼネコンを担当した時も、自らが販売した保険が全国の高層ビルやマンションなどの建設現場に安心、安全を提供しているという意義を見出すようになると、営業に一層拍車がかかった。また、その後も、企業の最前線で起こり得るリスクから、企業・従業員・消費者を守るという明確な目的意識を持って、取引先企業との関係強化に力を注いだ。

そんな永野が最初に№2の役割を果たすのは、88年から6年間、ロスアンゼルスに駐在した営業課長時代だ。永野は顧客に寄り添い、要求に応えるきめ細かなサービスを提供することこそが東京海上の本来の使命であると訴え、営業改革を行った。

それが「チームアプローチ」という営業手法だ。1人の企業担当者が取引先の全ての要求に対応する従来の方式とは違い、営業、保険引き受け、リスクマネジメント、保険金支払いなど専門分野の担当者から成るチームを編成して顧客が何かを要望する前に先手を打ってサービスを提供する仕組みだ。これにより対応スピードが上がり、顧客との関係が強くなり、パイプも太くなる。

この方式は顧客に支持され、米国の大手保険会社との競争に負けないことが証明された。こうして永野は営業リーダーとして抜本的営業改革を行い、米現法社員のモチベーションを高めた。永野が米現法の実質「№2」となった証だ。

永野が〝№2シップ〟をフルに発揮したのは、商品・サービス開発部長として補償を1つにまとめた生損保一体型商品「超保険」の開発を主導した折だった。

2000年、永野は社長の樋口公啓（故人）に「これ1つあったら安心という商品はできないか」と命題を出された。保険は商品種目別に販売するため、補償（保障）の重複や漏れが生じる。そこで永野は、保険会社が売りたい商品を売るのではなく、顧客が求めるリスクを無駄なく、漏れなくカバーする生損保一体型の保険を作ろうと考えた。顧客にコンサルティングを行い、家族に必要な補償を設計するオーダーメード商品であり、顧客視点の画期的な仕組みであった。

超保険は当初、苦戦した。しかし、「保険販売の仕方を変えたい」という永野の目的意識と情熱が東京海上の企業風土を変え、超保険を主力商品に成長させる。その後、永野は常務取締役経営企画部長、専務などを歴任、社長の隅修三（現相談役）の推進する経営改革を補佐するNo.2となる。

「マジきら会」や「東北被災地研修」で理念を伝える

私は、経営者が自分のビジョンや理念を徹底するための条件はまず、自分の言葉で語る〝顔の見える経営者〟となることだと考える。愚直に自分のビジョンを自分の言葉で何度も繰り返し伝え続けることが、本気を伝える唯一の方法だ。

2つ目は、言行を一致させることである。すなわち、自分の理念や方向性通りの会社運営を実行し、理念、ビジョンを形骸化させないこと。

その点、永野毅ほど、自らの使命は理念の浸透化にあるという強い信念に基づき、理念の徹底に力を注ぐ経営者は、私は知らない。

2013年、社長就任以来、永野は国内外の支店、グループ会社を精力的に回り、自分の言葉で、理念「良い会社、〃グッドカンパニー〃を創ろう」を語る〃伝道〃を行っている。

――「グッドカンパニー」とは、単に売り上げや利益、株価等の経営指標が良く見える会社ではない。保険商品・サービスを通じ、世界中でお客様や地域社会の「いざという時に役に立つ」会社だ。これは飽くなき挑戦。だから「To Be a Good Company」と言っている。「すでに良い会社だ」と思った途端に企業の進歩は止まる。

伝道の真の目的は、理念が社員の腹に落ち、日々の行動に繋がるよう、社員とともに考えることにある。そのため、永野は自分だけが一方通行で話すのではなく、社員も思いや意見を永野にぶつける、双方向の〃対話会〃にしている。名付けて「マジきら会」(「真面目な話を気楽にする会」)。

注目すべきは、永野はこの「マジきら会」を全社活動にしていることだ。社長の永野以下、役員、部店長、課長たちも個別に「マジきら会」を実施している。「どうすれば、良い会社を創っていけるか」という論議を様々な場面で繰り返し行い、上司・部下ともにお互いを高め合う。

永野が役員や管理職たちに口を酸っぱくして言うのは、「『私はこう思う』と主語を第一人称にして、自分の思いを自分の言葉で語り抜いてくれ。間違っても『社長がこう言っているとは言うな』」である。

永野がこれまで参加した「マジきら会」は、国内だけでなく、海外拠点や買収先の米HCC社など世界16ヵ国、25都市で実施。参加社員は、延べ1万8000人にのぼる。

また、永野は理念の浸透化を推進するため、毎年8月1日を「グループ創立記念日」と位置付け、社員がグループ事業の目的を再認識する日と定めている。

さらに「地方創生室」を新設し、自然災害発生時のBCP（事業継続計画）策定などを支援し、地元の人々から「グッドカンパニー」と評価される取り組みを推進している。言行一致の会社運営を行っている証左である。

永野が理念の徹底化に本気度を示しているのは、世界のグループ企業から選抜した将来を担う経営幹部候補生の研修「グローバル・リーダーシップ研修」で、理念の共有に取り組んでいることからも頷ける。

特筆すべきは、プログラムに東北被災地の訪問が組み込まれていることだ。目的は東京海上の存在意義と使命を肌で感じてもらうことにある。東日本大震災以降、現場に近い代理店や社員が何をしてきたか、映像を観て、話を聞いて学んでもらう。

また、震災直後に社員が被災地へバスで向かい、泥まみれになりながら、保険の査定をして回ったことなど体験を伝える。さらに、陸前高田市の「奇跡の一本松」などの現場へ赴き、被災地の状況を肌で感じてもらう。

被災地を案内する代理店の中には、被害を受けたり、身内を亡くした人もいる。大変な状況の中でも、彼らはお客様に一刻も早く保険金を届けなければならないという使命感に駆られ、自分や家族の状況を顧みることなく対応していたと伝える。

永野が語る。

「被災地の代理店たちの声は、研修生の心に響く。『私たちはこういうグループで働いているのだ』と強く自覚できると思います」

永野の自分の存在を掛けた「良い会社」創りへの飽くなき挑戦は続く。

年8回の戦略会議で「志」「価値観」を共有

今、日本の企業は、グローバル化しながら、いかに自社の企業アイデンティティー（独自の性質や特徴）を保っていくかという問題に直面している。過去のように、海外に工場（事業所）進出し、自社開発の商品・サービスを現地生産・販売する〝自前主義〟の進出とは異なり、M&A（企業の合併・買収）や資本提携など海外企業とのアライアンス（提携）による進出では、海外パートナーとの〝融合〟〝一体化〟という新たな問題が生じている。

では、過去10年間、〝M&A攻勢〟をかけてきた東京海上ホールディングスはどうか――。

同社は2008年、英大手保険グループのキルンを約1000億円で買収して以降、同年に米損保フィラデルフィア（買収額約5000億円）、12年には米生損保のデルファイ（同約2050億円）、さらに15年には約9400億円に上る巨費を投じて米保険HCCを買収している。

このうち、デルファイは永野毅が専務の時に陣頭指揮を執って買収した案件である。社長になってからまとめ上げた案件はHCC。企業向け上乗せ医療保険などの再保険や会社役員賠償責任保険など、高い専門性を有するスペシャリティ保険に特化している保険会社だ。

M&Aの目的は成長とリスク分散にある。永野は「1つは海外市場の成長を取りに行き、グループの成長を牽引すること。もう1つはリスクの地理・事業的分散を図ることで、経営基盤を一層強固にしていくことにある」と明快だ。

重要なのは永野が、究極的な目的は〝マザーマーケット〟である日本における強固なビジネス基盤の確立にあると考えている点だ。つまり、日本市場の今後を悲観視する向きが支配する中、永野は唯一人、日本を成長市場と捉え、日本で永続的に顧客を守り続けていくことが持続的成長に繫がると確信しているのだ。

そのため永野は、海外企業を買収する際、「事業の目的意識」を最重視する。キーポイントは、理念と使命感が東京海上と共有できるかどうかだ。「目的は利益ではない。いざという時にお客様のお役に立つ存在になること。利益はそのための手段」という価値観を共有することだと永野は言う。すなわち、社員のベクトルを合わせる価値観＝企業文化を伴った海外展開を目指すということ。

買収した海外企業とのシナジー効果の発揮は、この「志」や「価値観」の共有が前提となる。

そのため、永野は年8回、経営層のビジョン及びグループとしての価値観の共有を目的とする「グローバル戦略会議」を開催。出席者はグループカルチャー総括（CCO）を兼務する永野以下、同資本政策総括、同リスク管理総括など10名のチーフオフィサーと、海外のグループ各社CEOの合計15名。

17年には「海外事業総括」として前HCC社長のクリストファー・ウィリアムズをアジア担当に、専務取締役の小宮暁（現社長）を欧米担当に就け、「共同海外事業総括」へと体制を強化している。また毎年、グループの将来を担う幹部候補生を日本に呼ぶ「グローバル・リーダーシップ研修」では東北被災地を訪問し、東京海上の存在意義と使命を体感させている。永野は言う。

「欧米のグループ会社には、価値観を共有しながら、専門性の高い保険商品を、日本を含むアジア地域で生かしてもらう。そして地域の販売網・販売ノウハウを活用し、地域ビジネスを活性化してもらう。ただその際、何も言わなければ、彼らは勝手に走り始め、糸の切れた凧になる。だから、『何のためにこの仕事をしているか』という目的意識を持つことだけは守ってくれ、と横串を入れているのです」

同社のM&Aが「買収して終わり」ではなく、お互いがシナジー効果を発揮し、成長を遂げているのは、各社の利益の推移を見れば明らかだ。18年度の純利益はフィラデルフィアが買収時比1・8倍の403億円、デルファイが同3・4倍の605億円、HCCが同1・3倍の385億円と増加している。

永野は、「企業文化を伴う日本発のグローバル化」という新しい日本型ビジネスモデルを構築しつつある。

「世のため、人のため」の企業文化を醸成

持続的成長を遂げる企業の経営者には、「利益を上げることを通じて長期的に社会に貢献することを目的とする組織」という企業観がある。企業の社会貢献とは、価値ある商品やサービスを顧客に提供することを通じた世の中、社会への貢献だ。価値創造なくしては、企業は継続できない。顧客にとっての付加価値を提供することが会社の存在意義だからである。だから、顧客に評価される企業は生き残る。つまり、持続する企業は「世のため、人のため」という企業文化を醸成しているのである。

永野毅も、過去の歴代の社長が企業に埋め込んできた「世の中、社会のために仕事をする」という使命感の企業文化を継続させている。

社長就任以降の5年間、永野は顧客へ付加価値を提供することに腐心し続けてきた。

その結果、サイバーリスクに対し事前事後の幅広い補償・サービスを提供する「サイバーリスク保険」、ドライブレコーダーを活用した個人顧客向けサービス「ドライブエージェントパーソナル」、1日平均8千歩を達成すると保険料の一部をキャッシュバックする健康増進型保険、認知症の人と家族のための専用保険など、業界初の商品・サービスを次々に発売し、ヒットさせた。

また、永野は米保険会社HCCをはじめ、タイの損害保険会社セーフティ・インシュアランスなどを買収し、欧米・アジアの各地域事業を拡充、海外事業を飛躍的に成長させた。そうした証が、正味保険料（売上高）3兆5647億円（前年同期比2・4％増）、純利益2841億円（同3・8％増）、海外売上高1兆2500億円という同社の18年3月期決算数字だ。

永野が最も心を砕いているのは、経営者と社員の「良い会社〝グッドカンパニー〟を創ろう」という価値観の共有だ。すなわち事業の目的はお客さまのいざという時に役立つこと。利益が究極の目的ではない。あくまでも目的を達成するための手段だ——。それを徹底するため、永野は真面目な話を気楽にする「マジきら会」を全社活動として取り組んでいる。その結果、「良い会社創り」という企業文化は着実に組織に埋め込まれつつある。

真の企業文化とは社員と経営者の目標が同化し、社員はある事態に直面した時、経営者と同一ベクトルでの判断を自らできることだ。部課や各階層で判断基準が異なる「会社のため」ではなく、「世のため、社会のため」という企業文化に従えば、社員は自らの判断で1つの選択肢を選択できる。永野は、「社会の役に立つ仕事をする」という共有化した価値観を持たせることによって社員のベクトルを合わせることができると確信する。

永野が「世のため、人のため」になることが真の良い商品・サービスなのだと説くのは、かつて、自らが開発部長として世に送り出した生損保一体型「超保険」の大ヒットで実証済みだからだ。

永野が取り組んできた社会に役立つ仕事の1つが「地方創生」。発想の原点は、東京海上日動は地元採用の社員と全国5万店の代理店からなる、いわゆる〝中小企業の集合体〟であること。地域活性化への取り組みは本業の発展にも繋がるという確信がある。

例えば、インバウンド訪問客対応支援。全国のインバウンド訪問客のＳＮＳでの投稿に関するビッグデータを分析し、訪問客の評価の高い隠れた穴場スポット等のデータを地方自治体や地元企業に無償で提供している。

また、事業者向け包括保険「超ビジネス保険」の団体契約の加入者には「インバウンドビジネス支援サービス」を提供。外国人客とトラブルになった際に無料で利用できる「多言語電話通訳サービス」を提供している。

永野は言う。

「文化が人を作る。人が組織を、組織が戦略を、戦略が商品を作る。結局、商品は文化がしっかりしていないと長続きしない」

世のため、人のための企業文化を次代に継承すべく、永野の戦いは続く。

5

尚山勝男《しょうやまかつお》　アサヒグループ食品社長

〝傍流組〟の冷静な目と好奇心、学び心を併せ持つ

形より本質から入る独自の「改革観」で増収増益を達成

成功する人に共通するのは、どのような状況に置かれても、どこかで肯定できる視点を持っていることだ。例えば、失敗したとき、その原因を他人のせいにしたり、タイミングや環境のせいにしたりせず、全て反省の機会に置き換えられる人だ。さらに全てが勉強だと思える人。「会う人、全て勉強」「仕事は全て勉強」と思える人と、そうでない人とでは、ものごとの吸収力が違う。周囲を見る目も違ってくる。企業リーダーには欠かせない資質だと私は考える。

アサヒグループ食品（ＡＧ食品）社長の尚山勝男もそんな考え方でビジネス人生を歩ん

できた。ＡＧ食品は、アサヒグループで食品事業を担う会社として２０１５年に設立。17年に傘下にあった「アサヒフードアンドヘルスケア」「和光堂」「天野実業」の3社を吸収合併し、新会社として誕生した。

16年に専務、17年に社長に就任した尚山は、物流システムの統廃合と配送センターの統合を皮切りに、経営理念の策定、事業本部の新設、さらに事業部間の壁を超えた人事異動など同時進行で一気に改革を進め、3社を「１つのＡＧ食品」へと完全統合させた。

重要なのは、尚山は組織の「形」を整えること自体は改革ではないと考えていることだ。いかにして自社の目標を達成する経営を行うかという問題の「本質」から入り、その問題の本質を解決する手段の1つとして組織の「形」を考えている点である。

なぜ、普通のサラリーマンであった尚山がそんな〝改革観〟を抱くに至ったのか。まず、ビール事業出身の尚山は、食品事業では〝傍流組〟であったことだ。外から客観

尚山勝男（しょうやま・かつお）　1955年、東京都生まれ。早稲田大学法学部卒業後、1978年にアサヒビールに入社。物流や営業を経験したうえで、ビール酒造組合などの複数の出向、執行役員を経てチルド飲料のエルビー社社長に就任。2016年にアサヒフードヘルスケア社、和光堂社、アマノフーズ社の食品企業3社を統合したアサヒグループ食品の専務取締役に就任。2017年より代表取締役社長に就任。

的に会社を眺めているため、会社の事実を冷静に認識し、改革しなければならない不合理な点をよく見出せた。

尚山は1978年、早稲田大学を卒業後、アサヒビールに入社。九州営業所を振り出しに、新宿営業所、アサヒセンター出向、東京支店物流部、広島支店物流部長、中部地区本部物流部長、ビール酒造組合出向、東関東統括本部長、執行役員中国統括本部長などを歴任、その後、チルド飲料会社「エルビー」社長に就任する。

尚山の特徴は何と言っても長年、物流に携わってきた点にある。それは原材料の調達、生産、出荷配送、マーケティング、販売までの一連の事業活動を管轄する、いわばバリューチェーン(価値連鎖)の要だ。それだけに生産や販売をより客観的に眺め、不合理な点を見つけられる力が養われた。

これに、生来の好奇心と〝学び心〟が加わり、今日の企業リーダーへと成長していく。

ビール事業一筋の尚山が学んだのは、アサヒセンター、慶応ビジネススクール(KBS)、ビール酒造組合、エルビーの4ヵ所へ留学や出向した折だった。

アサヒセンターでは、住友商事との輸入商品のジョイントベンチャーに参加し、住商の論理的な事業の進め方を学んだ。また、KBSでは世界の企業のケーススタディを学習。外国人の留学生が不自由な日本語でケーススタディを発表する姿に胸を打たれた。さらにビール酒蔵組合では国税庁対策、政治家対応を経験し、また同業他社との文化の違いを肌で感じ取った。

とりわけ、財産となったのは、エルビーの社長を3年間経験したことだった。就任当時、エルビーは業績が悪化し、社員のモチベーションは下がり続けていた。尚山はまず社員に自信を持たせ、元気を取り戻させなければならないと考えた。それには業績を上げることだと確信。社長として商品開発速度を上げること、販路拡大、組織改変・人事異動で社員の意識改革を図ること、社員にアイデアを提案させることなどの方針を掲げ、実行した。

その結果、3年連続増収増益を達成、社員は元気を取り戻した。その間、尚山に重くのしかかったのは「社員と社員の家族の生活を守らなければならない」という使命感だった。

「ワールドカフェ」で社員の一体感を醸成し、モチベーションを向上

企業リーダーの最も重要な役割は、社員のモチベーションを育むことだと私は考える。社員のモチベーションが上がらなければ、士気は高まらないし、企業変革などできない。社員のモチベーションは、アイデンティティー（個性）とロイヤルティー（愛社精神）から生まれる。社員が自分の会社を大切に思い、会社で働くことに誇りと自信が持て、「幸福感」が得られるようにすることだ。

その点、尚山勝男は、「一番のこだわりは人の活性化である」と明言し、社員のモチベーションの向上に心を砕いている。

アサヒグループ食品（AG食品）は「アサヒフードアンドヘルスケア」と「和光堂」と「天野実業」の3社を吸収合併した会社だ。いずれも長い歴史があり、社員が自社に誇りと自信を持った個性的な企業文化を擁した会社だ。こうした企業理念、歴史、風土の異なる食品3社の経営統合は他に類を見ない。

成長する統合企業に共通しているのは、①統合を主導した企業が経営の主導権を保持している、②統合目的を規模の拡大にではなく、成果を上げることに置く、③お互いに相手企業のアイデンティティーを尊重していること。AG食品の課題は③。企業のアイデンティティーがなくなれば社員のモチベーションは失われてしまう可能性がある。

では、尚山はどうしたか。まず、3社のアイデンティティーを大切にしながら、どうやって統合の成果を出していくか。また、どうすれば会社の壁を壊し、お互いの間に橋をかけることができるかに腐心している。

尚山は専務として着任するとまず、統合計画を主導した社長の唐澤範行（当時）とともに、物流・配送センターの統合から着手した。次に手掛けたのが組織改革だ。全営業部を8つから3つに集約し、食品、ベビー&ヘルスケア、食料原料の3事業本部制を敷いた。同時進行で、営業の社内用語の統一、決裁権限規定の改定も実施した。

尚山たち経営陣が腐心したのは、統合会社の社員のモチベーションの向上だった。再編した新組織の下でも、いかに3社のアイデンティティーを維持し、モチベーションの向上につなげていくか。辿り着いた結論は社員が主役の全員参加の経営だった。

尚山は、新生ＡＧ食品の企業理念の策定を社員に作らせる。２０１６年6月、旧3社から選抜した社員15名のメンバーからなる「新企業理念作成プロジェクト」を発足し、半年かけて作成した。理念は、「食の探求により、『おいしさ＋α』をお客様へお届けし、新たな生活スタイルの提案をします」。社員が自分たちの手で作り上げた自前の〝企業理念〟である。

しかし、それだけでは社員のモチベーションの向上は確信できない。問題は、3社のアイデンティティーを尊重しつつ、ＡＧ食品の一体感をどう醸成していくかだ。

そこで、尚山が力を入れているのが、社員の一体感の醸成を図る「ワールドカフェ」と呼ぶ対話会。カフェにいるようなリラックスした雰囲気の中、参加メンバーがシャッフルしながら自由に話し合いを発展させていく。最初は対話でお互いを知る機会を創出する「職種混同カフェ」を行い、18年からは毎月、職種別に対話をすることで、「ＡＧ食品らしさ」醸成の加速を図り、マインド向上につなげていく「職種別カフェ」を実施している。

尚山が社員の士気は変えられると確信するのはエルビー社長時代の経験があるからだ。

どうすれば社員の行動を変えさせられるか。考えた結果、自由に挑戦させることにする。例えば、開発部隊には、飲料だけでなく、容器の開発もやってみたらどうかと言った。すると、開発陣は意気揚々として容器の開発を手掛けた。みるみるうちに開発部隊の士気は上がっていった。

以来、尚山は社員の行動を変えさせるには、社員が自分の頭で考え、自分の責任で行動し、それを経営陣が公平、公正に評価する仕組みと環境づくりが大事だと確信する。

3社統合で3事業本部に簡素化し、「強み」を再強化

神社仏閣の設計・施工や文化財建造物の復元を手掛ける西暦578年創業の「金剛組」と718年創業の粟津温泉旅館「法師」の「千年企業」を見てわかるのは、長寿の要因が本業重視、顧客第一、品質本位、従業員重視、企業理念の維持、そして顧客ニーズ変化への対応だということ。とりわけ、大事なのは、人を大切にする文化を継承していることだ。

従業員にとって温かく、思いやりのある会社にするだけではない。そこで働けば鍛えられる会社、歴史を背負う緊張感のある会社、伝統と革新を融合させるチャレンジ精神が厳しく求められる会社にしていかなければいけない。

尚山勝男も、過去の自らの経験から、社員の創意工夫と自主性を重んじ、社員にやりた

いことをやらせる自由度の高い会社にしたいと考えている。

そんな想いを抱く尚山はアサヒグループ食品（AG食品）の社長になるや、「3つの古い会社を1つの新しい会社に生まれ変わらせ、ステージアップさせていく」と宣言、自社の強みをより大きく伸ばし、新たな成長を遂げることに精力を注いでいる。

3社は創業89年の旧アサヒフードアンドヘルスケア、同113年の旧和光堂、同72年の旧天野実業。いずれも個性的で独自の企業文化を持つ企業。アサヒフードは整腸薬「エビオス錠」に始まり、「ミンティア」と続く。コア技術は酵母を活用する技術「酵母関連技術」、「フレーバリング技術」。和光堂は育児用ミルクに始まる。コア技術は粉ミルクの製造で培ったスプレードライの「粉体化技術」。さらに、天野実業は粉末カラメルの製造に始まり、コア技術は「フリーズドライ技術」だ。

3社統合の目的は、①技術の融合によるシナジー効果の発揮、②販路の拡大、③調達コストの低減、④生産体制の最適化だ。

これらを成し遂げるためにはまず、社員が能力を発揮できる組織作りが必要だと尚山は考えた。3社の8営業部を食品、ベビー&ヘルスケア（B&H）、食料原料の3営業部に統合、3事業本部制を敷いた理由である。

組織改革の狙いは、会社・組織・人の壁を取り除き、社員が一体となり、過去培われた〝強み〟を再強化すべくシナジー効果の最大化にある。そのため、尚山は組織の簡素化に取り組み、各部署の目的と役割を社員に共有させ、新しいことに挑戦させる風土作りに心血を注ぐ。

特筆すべきは、ＡＧ食品は時代に合ったものを打ち出す開発力の強さがあることだ。例えば82年の天野実業の「フリーズドライのみそ汁」、84年の和光堂の「フリーズドライベビーフード」、96年のアサヒフードの「ミンティア」、そして近年では２００１年に和光堂の介護食「食事は楽し」、06年にアサヒフードの健康食品「一本満足バー」、07年にサプリメント「ディアナチュラ」へと繋がっている。現在同社は、それぞれ培ってきた技術を融合した商品開発に取り組む。成果は17年9月、旧アサヒフードのキャンディ製造技術と旧和光堂の口腔ケアの知見を生かしたシニア向け食品「うるおいキャンディ」の発売に表れている。

問題は社員の活性化。いかに社員を生き生きさせる職場環境を作るか。尚山は、「新しいことに挑戦する風土の醸成」を訴える。「新しい会社に生まれ変わるには、社員一人一人が視野を広げ、新しい切り口で、新しい分野、カテゴリーに挑戦してもらうことが大事だ」

販路の拡大も新しい視点が必要だと尚山は言う。

「例えば『ミンティア』はコンビニエンスストアでは強いが、スーパーマーケットやドラッグストアは不十分。旧和光堂はベビー専門店に強いが、ドラッグストアには弱い。今後、通販を含め、販路の付加価値をどう付けていくかが課題です」

同社の真の強みは、乳児幼児から高齢者に至るまで幅広い世代の顧客のライフステージに沿った商品を提供する食品会社であること。その〝強み〟をどうやって再強化していくか。尚山の手腕が注目される。

ブランドNo.1戦略を支える「おいしさ」「本質」「変化」

事業が正しいかどうかは、世間が判断する。商品が正しいかどうかは、消費者が答えを出す。商売が正しいかどうかは、顧客が決める。会社が正しいかどうかは歴史が決めると私は考える。つまり、商品やサービスが正しいかどうかの「解」は消費者、顧客に握られているのである。

では、トップはどうか。「うちの会社は、世のため、人のためにこういうことをしたい」という信念を持ち、その熱意を社員に伝え、賛同を得、それを言行一致で実行しているトップは正しいのだと考える。

尚山も同様、アサヒグループの理念「期待を超えるおいしさ、楽しい生活文化の創造」の実現に向け、「各カテゴリーでNo.1ブランドを目指す」という旗印を掲げ、トップクラスのブランド商品を誕生させることに情熱を注いでいる。

現在、アサヒグループ食品（ＡＧ食品）のNo.1ブランドは旧アサヒフードヘルスケアの錠菓「ミンティア」、旧和光堂の「ベビーフード」、旧天野実業の「フリーズドライのみそ汁」。No.2ブランドは、旧アサヒフードのサプリメント「ディアナチュラ」と栄養食品「1本満足バー」だ。「ディアナチュラ」は従来シリーズに加え、昨年、プロテインパウダーなど新シリーズを発売、一方、「1本満足バー」もプロテインチョコなどを新発売、いずれも急成長を遂げている。

今後、「顧客の期待を超えるおいしさ」を実現すれば必ずカテゴリーNo.1、No.2の商品が生み出せる、と尚山は確信する。

「私たちは乳幼児から高齢者に至るまで幅広いお客様のライフステージに沿った商品を提供しています。その各カテゴリーでNo.1ブランドを1つでも多く持ち、お客様に愛される会社にしていく。それが私の使命です」

では、どうすれば、No.1の商品を生み出すことができるか。尚山は3つを訴えている。

1つ目は、旧3社の開発のシナジー効果を発揮する。過去、培われた技術を融合させ、イノベーションを行うことによって、今までなかった「おいしさ」を実現する。

2つ目は、顧客=買い手側を知る。売り手側の「常識」や「通説」にとらわれず、顧客が求めている本質を知ることが大事だ。

3つ目は、競争相手は「変化」だということ。単に変化に対応するだけでなく、自ら変化を起こすことが肝要だ。尚山が言う。

「『ドリルを買う人が欲しいのはドリルではなく、穴である』というマーケティングの格言があります。そこを間違えないでくれと言うんです。例えば、粉ミルクを栄養食品という概念で捉えると、『大人のミルク』という形に変えることができる」

尚山が「ものの見方を変えろ」と口を酸っぱくして言うのも、従来の売り手都合の見方では、顧客の本当のニーズがわからないからだ。

「競争相手は顧客のニーズによって変わる。例えばランチ。時間を掛けたくない人、ダイエットしている人、ハンバーガーを食べたい人ではニーズは違う。ニーズが違えば競争相手も変わる。ハンバーガーを食べたい人はファーストフードへ、急いで食べたい人はコンビニへ駆け込む。われわれが顧客の新しいニーズを探し、対応すればわれわれの顧客になっていただける。ニーズはわれわれが創り出すもの。それには挑戦するしかない。だから私は、『まずやってみてくれ。失敗したら学んでくれ』。リーダーたちには『挑戦することを褒める組織にしてくれ』と言っているのです」

さらに尚山は販路の拡大を目指す。現在、スーパーマーケットとドラッグストアの業態の垣根は低くなりつつある。これはＡＧ食品にとってチャンスだ。

これまでドラッグストアにはいれなかった栄養食品などを売ることができる。また、既存の商品に付加価値を付けた新商品を今後どういう販路で売っていくか、社員に提案させている。

尚山の「ブランド№1戦略」の行方が注目される。

6

杉江俊彦《すぎえとしひこ》　三越伊勢丹ホールディングス社長

〝革新百貨店〟を追求するあくなき挑戦

常識にとらわれず、顧客の立場に立って新宿本店の売り場を改装

私は、企業が続くことは、それだけで成功といえると考えている。継続するには昨日と同じではいけない。過去の自分や成功体験、会社の在り方を否定する。変化するビジネスシーンで、変わり続けない限り継続できない。それは過去、常識、慣習を覆し、イノベーションを継続して行うことに他ならない。それができる人材こそ「経営者」であり、その源は「胆力」である。

その点、三越伊勢丹ホールディングス社長の杉江俊彦はどうか――。

現在、大手百貨店はいずれも、事業の軸足を「百貨店」から「不動産」に移し、利益を

ショッピングセンターやビルに入居する企業や店舗からのテナント料で稼ぐ不動産事業へビジネスモデルを転換しつつある。そんな中、杉江だけは「お客様に必要とされる〝百貨店〟を取り戻す」と宣言し、生き残りをかけた新しい〝百貨店ビジネスモデル〟の構築に挑戦する。

２０１７年４月、前社長、大西洋の突然の退任という非常事態での社長就任にもかかわらず、杉江は不採算店３店舗閉鎖の発表、三越伊勢丹フードサービスの株式譲渡、チーフオフィサー制導入、デジタル革命に伴う社内インフラ整備など、改革を迅速に断行する。

その一方、企業理念に変わる「私たちの考え方」を掲げ、新たな成長ステージに向けて「人と時代をつなぐ」改革を主導する。

杉江俊彦（すぎえ・としひこ）　1961年、東京都生まれ。慶應義塾大学法学部卒業後、1983年に㈱伊勢丹に入社。家庭用品、営業企画、店舗運営等を担当後、伊勢丹新宿本店の婦人雑貨、食品フロアのリモデルを手掛け、商品・サービス・環境面で新たな試みを実現。2012年には取締役常務執行役員経営戦略本部長に就任し、人事、海外、システム、不動産、関連事業等を所管しつつ、グループ全体の経営戦略立案に取り組んだ。2017年、代表取締役社長執行役員（現在は取締役代表執行役社長）に就任。

そんな杉江の胆力はどこで培われたか――。杉江は若い頃から過去のやり方や慣例を無批判に受け入れることなく、新しいことを実行してきた。

最初に常識を覆したの

は、伊勢丹に入社して5年目、松戸店の家庭用品部に所属していた時だ。食器の店頭販売に携わっていた杉江はリビングの改装事務局の一員として食器売り場の改装を担当した。当時、百貨店の食器需要は結婚式の引き出物などギフト用が7割を占めていた。そのギフト用需要が1980年代半ばになると急減していった。そこで杉江は、売り場をギフト用から自家用中心に再編集し、顧客が単品で買えるようにした。

その後、杉江は、伊勢丹新宿本店の家庭用品部に異動し、改装を担当した。松戸店と同じコンセプトで、自家用中心の売り場に再編した。百貨店の食器売り場の常識を覆した試みだった。

しかし、売り上げは一向に回復しない。自家用の販売に力を入れるという方向性自体には確信があった。なぜだ。答えが見つかったのは、その後異動した店舗事業本部営業企画担当の折だった。当時、団塊世代のニューファミリー層が市場を左右していた。そこに寄り添った品揃え、陳列、売り方をしてこなかったのが敗因だった。この時、杉江は様々な部署出身の人たちと対話をし、幅広い知見、ノウハウを聞くことの大切さを学んだ。

杉江が次に常識を覆したのは2007年、伊勢丹新宿本店の1階婦人雑貨売り場の改装だ。杉江は04年、営業本部婦人服飾雑貨営業部販売担当長（部長）に昇格、婦人雑貨フロアの改装をリードした。この際、アイテム別、志向別にフロアを再編集し、ハンドバッグ・婦人雑貨・装身具を統一環境のもとに展開する。

ここで注目すべきは、シャネル、プラダ、グッチなど世界の一流ブランドのハンドバッグと靴を全部売り場に陳列して販売したことである。本来、ブランド店でしか買えなかったものを、横並びで見比べながら、買えるようにしたのだ。常識に囚われず、顧客の立場に立って考え抜いた改革だった。

〝革新百貨店〟の真骨頂を発揮し、婦人雑貨の売り上げを一気に伸ばす成功リモデルとなった。英ハロッズ、米バーグドルフなど世界中の高級百貨店がマネをしたゆえんである。その後も杉江は営業本部MD統括部食品営業部長の時、新宿本店の食品売り場の改装を主導。コンセプトは歩いて見ているだけで楽しくなるフロア。そのため什器や照明、床を統一し、酒の売り場なども日本酒とワインを分けた。その結果、食品の売り上げは伸びていった。

こうして杉江は胆力を発揮し続けた。

顧客視点でデジタル化…使命感で百貨店ビジネスモデルを変革

私は拙著『「使命感」が人を動かす』（集英社インターナショナル）で、トップの胆力は「使命感」から生まれ、「使命感」は「世のため。人のため」「顧客に尽くす」という思想からくる思いだと書いた。使命感があるからこそ、覚悟を持って自分の意思を貫き通すことができるのである。

その点、杉江は、社長就任以降、全グループ社員に「全てを変えよう」と繰り返し訴え、百貨店ビジネスモデルの変革に全精力を注ぐ。

杉江のそうした使命感はどうして生まれたか。実は、杉江は社長に就任するまでの5年間、常務、専務執行役員戦略本部長として、前社長の大西洋と一緒に戦略を立案してきた。しかし、新しい戦略はことごとく失敗に終わり、杉江は自責の念に駆られていた。それだけに、社長に任命された瞬間から、「変革を起こし、魅力あるビジネスモデルを構築する」と心の中で誓った。

杉江はまず、不採算店舗の閉鎖、不振続きの事業撤退など事業構造改革に着手する。2018年3月に伊勢丹松戸店の営業終了。19年9月に伊勢丹相模原店、伊勢丹府中店の営業終了。20年3月に新潟三越の営業終了、また三越伊勢丹フードサービスの株式譲渡、マミーナ事業の撤退――などだ。歴代社長が先送りしていた赤字店問題の処理を、杉江は「いやなことを最初にやろう」とわずか1年で決断を下した。

特筆すべきは、百貨店のビジネスモデルの変革だ。

1つは「顧客対応」。これまでブランド・売り場ごとに行っていた対応を、「1つの店」として、顧客が入店した時から退店するまで接遇するやり方に変える。そして顧客が何を求めているのかを聞き取り、案内する。

例えば、入学式を控えた母親の場合、まず自分の洋服を複数ブランドの中から選択する手伝いを行い、次にその洋服にふさわしいハンドバッグや靴を選ぶために各売り場のコンシェルジュへつなぐ。さらに、家族の記念写真やパーティの提案など母親が想像もしていなかったことの提案も行う。

また、これまでは、何十万円の高価なスーツを買っていた得意顧客も、紳士服売り場では上顧客として遇されていたが、ワイン売り場へ行くと「一見さん」としてしか扱われなかった。しかし、コンシェルジュ導入により、売り場を超えた接遇を行う。

すでに三越日本橋本店では、18年10月からコンシェルジュ約100人と案内役のガイド60人が連携し、顧客情報の共有システムを使ってブランドの垣根を越えて、店全体で接客するという取り組みを始めている。

もう1つは、「デジタル化」。EC（電子商取引）ビジネスにより、三越伊勢丹の商品は店舗でも、スマートフォン経由のECでも購入できる「シームレス」購買が可能となる。店頭で買う決心がつかなかった商品をスマホで購入することも、逆にECサイトを見て気に入った商品を店頭で購入することもできる。

今後は、店頭で聞きそびれた内容についてはスマホを通じて「チャット」形式で店頭の接客と同様の接遇を受けることもできるようになる。顧客は店頭、ECでの買い物行動や店頭での対話から、適切な情報サービスを受けられる。

EC事業としては、18年に食品など日常生活品の定期宅配サイト、19年2月には化粧品サイトを立ち上げ、3月にはオンラインSPA（製造小売業）を開始している。

杉江が現在推進しているのが、商品・サービス情報のデジタル化と、顧客情報のデジタル化だ。これにより、顧客とコミュニケーションを取る方法は全て変えていくという。

杉江が語る。

「今の百貨店モデルは、全て人を通して顧客サービスに取り組んできた30年前と同じです。一方で、お客様はスマホで買い物し、豊富な情報や知識を持っています。顧客ニーズとのズレを修正するには、デジタル化は外せません。サービス水準を向上させるにはITの力で顧客・商品情報を共有することが必要です」

杉江の使命感による百貨店ビジネスモデルの変革が注目される。

SNS「杉江のつぶやき」で3つのキーワードを発信

私は、経営者の責任とは「企業リーダー」であることだと考える。役員をまとめ、中間管理職を引っ張っていくだけでなく、工場や販売店の現場の人々まで含めた社員全体のリーダーでなければならない。

リーダーであるためには社員一人一人に会社の理念やビジョンを伝え、全員がそれを共有できるようにすること。全社員が、会社はどこへ行こうとしているのか、どのような方法で達成しようとしているのか、そのためには自分が何をすればよいのか、理解できるようにしなければならない。

経営者の責任は会社の行き先を示し、そこに社員を導くこと、そしてその結果に対して自らの責任を負うことだと考える。

杉江も、会社の目指す姿「私たちの考え方」を掲げ、そこに「人と時代をつなぐ」「変化せよ」を明記、社員に自分のビジョンを何度も繰り返し伝えている。

杉江がいかにビジョンの伝達に力を入れているかは経営会議の際、メンバーではない執行役員や部長をオブザーバーとして参加させ、意見を聞かせていることや、２０１８年から社内ＳＮＳで「杉江のつぶやき」を始めたことなどからもうかがえる。

伝達のキーワードは「つなぐ」「変化」「挑戦」の3つ。

まず、「つなぐ」。杉江は、百貨店の価値は単純にモノを売ることにあるのではなく、顧客と繋がることにあると考える。特に杉江が重視しているのは、顧客の情報をクリエーターに繋ぎ、クリエーターの情報を顧客に繋ぐことだ。顧客がモノやコトを買うのはその結果。つまり、〝繋ぎ〟が先、利益は後と考える。

さらに、杉江が伝えるのは「変化」「挑戦」。

――かつて百貨店は革新的だった。三越は１９０４年に「デパートメントストア宣言」を行い、いち早く旧来の呉服店から近代小売店への転換を果たした。伊勢丹も、日本初の自走式駐車場の建設、婦人服サイズがＳ・Ｍ・Ｌだった時代に5～15号まで6段階のサイズ体系を確立したことなど、他の百貨店に先んじた独自アイデアを提案・発信してきた。革新的な体質を復活させ、もう一度変革を生み出せる企業風土を作らなければ百貨店に未来はない。

――変化することを楽しまなければいけない。変わり方に正解はない。失敗を恐れずに変えて、ダメだったら戻ってまた変える。

杉江の想いは着実に浸透しつつある。伊勢丹新宿本店メンズ館でNo.1の成績を挙げている女性社員は、自分の売り場と関係のない食品フロアの「おすすめ情報」を顧客に提供している。杉江が言う。

「今までは販売員は売り場の商品を売ることしか考えてこなかった。その女性社員は繋がりを考えた瞬間、スーツを毎月買う人はいない。1シーズンに1、2着買えばいいスーツの情報を毎週流してもしょうがないと気付いた。お客様が一番喜ぶ情報は食品情報だと考えた。『来週はこんなワインが入ります』と案内する。すると、お客様は店に来る。そして情報を提供してくれた社員の売り場に寄って『これ買ったよ』と言う。そういうお客様は必ず次のシーズンにはスーツを買ってくれます」

では、杉江が社員に示す「未来の百貨店」とは何か。顧客一人ひとりの生活スタイル、生き方、趣味、嗜好などを把握し、顧客が欲しいと思うモノが得られ、望むコトが実現するよういろいろなコーディネートができる状態がつくられている百貨店だ。

しかも、顧客がインターネット上のサイトに行った時も同じようにつくられている。それができて初めて百貨店の使命「お客様に豊かな生活や、豊かな気持ちを提供すること」を果たすことができると確信する。

それを実現する〝道具〟がデジタルトランスフォーメーション。顧客の購買行動から趣味嗜好、買わなかった理由、生活様式に至るまで顧客情報を収集し、デジタル化する。杉江は言う。

「今、デジタル化に取り組んでいます。商品情報をデジタル上に載せ、店頭でもサイトでも、顧客へリコメンドを行えるシステムをつくっています」

調査、仮説実行、検証する自発的な取り組みで新風をもたらす

私は会社を変えるのはNo.２だと考える。私がいうNo.２とは、役職やポジションの「２番目」ではない。肩書は副社長、専務かもしれないし、中間管理職の中から出てくるかもしれない。

No.２は、トップに意見を具申する参謀であり、ビジョンの具現化を補佐する役割を担う。また、トップと現場を繋ぎ、社員の自発性を引き出し、モチベーションを高め、自由闊達な企業風土に変えていく世話役でもある。No.２に必要なのは、知識やテクニックではない。会社の存在意義とは何か、仕事を通じて社会をどう変えたいのかという明確な「使

命感」である。

杉江も、№2の役割を果たしてきた。

杉江は1983年、伊勢丹入社。以来、店頭販売、営業スタッフ、経営企画に携わり、随所で№2シップを発揮してきた。

例えば、入社7年～9年目、伊勢丹松戸店と新宿本店で家庭用品部に所属し、食器売り場の改装を担当した際、食器の販売動向を分析し、松戸店と新宿本店の食器売り場を、贈答用中心から自家用中心に転換、自家用食器需要の掘り起こしを図った。

その後8年間務めた店舗事業企画部課長の時は、相模原店、松戸店、吉祥寺店など業績不振が続く支店の立て直しに力を注ぐ。杉江は不振の原因は顧客が望む魅力的な商品が店に入っていないことにあると考え、それまで支店ごとに行っていた仕入れを本社で一括発注し、支店に回す「仕入改革」を提案、実施した。しかし、それを承諾しない取引先もあり、改革はうまくいかなかった。そこで杉江は、1年かけて全支店のセールスマネージャーとバイヤーの合計約400人と面接し、商品の発注の仕方、売り方、売り場の編集など全業務調査を実施した。それらを分析し、さまざまな施策を講じたが、店は活性化しなかった。

その間の96年4月、同社は府中店を開店。杉江は既存の業績不振店と同様、立地を問題視した。商圏内の人口と所帯数、所得層、さらに新宿本店との競合商圏である点などを理由に、出店見直しの必要性を店舗事業本部に訴えた。しかし、出店計画は社長判断で決められており、動かしようがなかった。案の定、府中店は開店以来赤字が続いた。

こうした杉江の、調査を行い、考え抜いた上で仮説を立てて実行、検証する自発的な取り組みは社内に新風をもたらし、社員のモチベーションを向上させた。

杉江が「No.2シップ」をフルに発揮したのは2004年、営業本部MD統括部婦人服飾雑貨営業部販売担当長として、新宿本店1階婦人雑貨フロアのリモデルを行った時だ。アイテム別、志向別にフロアを再編集し、ハンドバッグ・婦人雑貨・装身具を統一環境のもとに展開。世界一流ブランドのハンドバッグと靴を全部、1つの売り場に陳列し、各商品を比較しながら選べるようにした。顧客の立場に立って考え抜いた革新だった。

見逃せないのは、杉江がリモデルに当たり、社長の武藤信一（故人）に提案し、MD統括部のマーチャンダイジングと営業の両責任者の支持を取り付けたことだ。苦労したのは取引先の説得だった。取引先は一様に、ハンドバッグと靴は婦人服と一体で販売することに固執していた。それを杉江率いるチーム全員が一丸となって説得に当たり、リモデルを成功させた。チームで成果を上げる杉江の真骨頂が発揮された瞬間だった。

その後、食品営業部長として手掛けた新宿本店の食品売り場のリモデルでも、杉江はNo.2シップを発揮。歩いて見ているだけで楽しめる画期的なフロアを完成させた。この改装により、食品の売り上げは大幅に伸び、現場の社員の士気は高まった。

さらに杉江は、食品売り場の社員の意識改革を主導した。顧客との会話をメモさせ、それを朝礼で発表し、共有させた。すると、顧客が男性か女性かも覚えていない社員が、顧客を意識して接客できるようになった。

現在、杉江が力を注ぐ、顧客の情報を収集してデータ化する「デジタルインフラ」構築の発想の原点である。

「幸運思考」で学んだ、成果を生むチーム戦略

私は拙著『幸運思考』（講談社）で、「運」というのは、「私は運が良い」と思う人につき、「運が悪い」と思う人にはつかないようだと書いた。現に、成長を遂げる企業の経営者の多くが、私の質問に「自分は運に恵まれた」と答えている。

彼らに共通するのは、逆境でも「運が良い」と思えることだ。人は誰しも同じような体験をして、同じような経験をする。それに対して「運が良かった」と思えるような人が成功している。どんなつらい経験をも、学習であり、自己鍛錬であり、試練だと思える。そんな「幸運思考」の人が運を摑んでいるようだ。

杉江も、「自分は運が良い」と明言する。

新宿に繋がる私鉄線沿線に住み、子供の頃から母親によく連れられて行った馴染み深い伊勢丹に就職できたことに始まり、店頭販売、営業スタッフ、経営企画の3部門に携われ

たこと、同社の経営を任されたことに至るまでずっと運が良かった。いわゆる伊勢丹の本流である婦人服部門を歩んできたわけでも、社内に華々しい業績を残した〝スター社員〟でもない。現場で地道に仕事をこなす一社員にすぎなかった自分がここまでやってこられたのは、上司や先輩のおかげと考えている。

杉江のビジネスの原体験は、入社6年目から携わった伊勢丹松戸店と新宿本店の食器売り場の改装だった。両店の家庭用品部に配属された杉江は、改装事務局の一員として食器市場の動向を分析し、贈答用から自家用中心の売り場に転換した。データ分析に基づく確信の改装だった。しかし、業績は一向に回復しなかった。なぜだ——。

杉江が原因を知ったのは、その後異動した店舗経営企画部の時だった。原因は当時、食器市場を牽引していた共働き夫婦と子供のいるニューファミリー層に品揃え、売り方等で魅力を感じさせなかったからだ。それは、杉江が豊富な経験とノウハウを持つ先輩や同僚たちの意見に耳を傾けずに、独りよがりの考えで実施したことに起因した。

以来、杉江はいろいろな人の意見を聞き、チームで仕事をすることを心掛けた。周囲を巻き込み、チームで成果を上げるという杉江流の原点がそこにある。

さらに杉江が「自分は運が良い」と思ったのは、店舗運営課長として店舗活性化に取り組んでいる折、上司から「全店のセールスマネージャーとバイヤーの面接をしろ」と課題を与えられたことである。当初は不承不承引き受けたが、1年間で全店の販売担当と仕入担当400人と会い、発注の仕方、売り方、人員配置など徹底的に聞くことをやり抜いた。百貨店の本質を理解することができたのは、その時の上司のおかげと考えている。

また、新宿本店販売推進担当（＝部長）として本店の運営に携わることができたことも、「ツキがある」と思った。営業スタッフを10年間務め、現場への復帰を希望していた折だっただけに、現場に近い仕事に就けたのは嬉しかった。何よりも鈴木勝男（元伊勢丹常務取締役）と関根純（元札幌丸井今井社長）の2人の〝名本店長〟に学んだことが財産となった。「お買場《かいば》」という造語を作った鈴木には「百貨店は人だ」。関根からは「マーチャンダイジングとはいかにお客様に喜んでいただけるかだ」と教わった。これらの言葉は今でも脳裏から離れない。

杉江の学習意欲を表す代表例が、杉江が主導した新宿本店の婦人雑貨フロアと食品フロアのリモデルの成功である。

杉江は過去の教訓から、チームで成果を上げることに力を注いだ。婦人雑貨フロアのリモデルの際は、マーチャンダイジング責任者の中込俊彦（元三越伊勢丹取締役専務執行役員）をはじめとするＭＤ部門の協力を取り付けてリモデルを実施。食品フロアのリモデルの際も、多くの仲間の支持を得て、チームで成功させた。

杉江の「幸運思考」が魅力ある百貨店ビジネスモデルをどう構築していくか、目が離せない。

7

服部《はっとり》一郎《いちろう》　アニモ会長

「会社は売らない」…「世の中、社会のために続ける」使命感と自己規律

恩師の一言でサラリーマンを辞め、会社設立

私は1990年代後半、会社を辞めて起業したベンチャー企業を集中的に取材した。その100社のうち、現在も続いている企業はわずか20数社。残りの企業は倒産、廃業を余儀なくされ消滅してしまったか、買収され、別の会社になっている。

今も続くベンチャー企業の経営者に共通するのは、「世のため、人のため」という「使命感」で企業経営をしていることだ。「使命感」とワンセットになった「夢」や「志」を抱き続け、その実現に向かって突き進んでいるのだ。

その代表例が、音声処理技術を手掛けるアニモ会長の服部一郎だ。

アニモは1994年8月設立。声で健康状態やストレスを診断するソフト、失語症リハビリ支援システム、音声認証・認識ソフト、生産設備の異常予兆検知や構造物・完成品検査を行う音響・振動解析システムなど次々と日本初、世界初の技術を開発。音・音声をキーテクノロジーとしたソリューション会社だ。

服部は70年、慶應義塾大学経済学部を卒業後、富士通に入社。事務所用小型コンピューター営業を振り出しに、工場操業用大型コンピューター営業、ブラジル赴任、営業課長、営業部長を歴任、出世コースを歩んでいた。

そんな将来を嘱望されていた服部がなぜ、サラリーマンを辞め、新しい人生への挑戦を決めたのか——。

服部一郎（はっとり・いちろう）　1948年、神奈川県生まれ。70年、慶應義塾大学経済学部卒業後、富士通に入社。89年、製造統括営業部長に就任。失語症リハビリ支援システムを発案、社内ベンチャー制度により起業。94年、株式会社アニモを設立。以来、声で健康状態を診断するソフト、音声認証・認識ソフト、生産設備の異常予知検知や構造物・完成品検査を行う音響・振動解析システムなど日本初、世界初の技術を開発する。

91年春、製造工業営業部第3営業部長の服部は、自宅でテレビを見ていた。すると、中高時代の恩師、大木章次郎がネパールで耳の不自由な子供たちの発声練習を指導している。神父でもある大木は77年、布教のためネパールへ渡り、聴覚障害児の教育に当たっているという。段ボールで作った拡声器。今にも壊れそうなマイク。それら粗末な機械を使って聴覚障害児たちを教育する恩師の姿に、服部は胸を打たれた。

早速、大木に国際電話をかけた。大木は「富士通にいるなら音をパソコンの画像で表すことはできないのかね。音を画像で見せることができれば、発声練習に役立つと思うのだが」。

音を見せる——。これは面白いと服部は思った。そして耳の不自由な子供たちのために、会話訓練用装置を作ろうと、一瞬にして決意した。

そこから服部の孤軍奮闘が始まる。「明治大学に訓練機器がある」と聞いて出かけたが、満足のいくものではなかった。東京・秋葉原の電器店も全て回ったが、いくら探しても聴覚障害者用発声訓練システムは見つからなかった。

ちょうどその時、富士通では社員から募ったアイデアをもとに新商品を開発する「夢プロジェクト（夢プロ）」がスタートしていた。これに入賞すれば製品化への道が開ける。

服部はこのチャンスを逃さなかった。営業の仕事の傍ら、「音声に関わるマルチメディア」と題したリポートを完成。第1回「夢プロ」に応募し、見事入選者の一人に選ばれた。

大変なのはむしろそれからだった。営業一筋で来た服部は、音声関係の本を読む一方、製品化のためには技術も勉強しなければならない。一番厄介だったのは製品化の夢を阻む厚い壁だった。まず技術者が忙しさや、マイナーな商品性を口実に、なかなか腰を上げなかった。上司も冷淡で、協力する素振りさえ見せなかった。挫けそうな服部を支えたのは、「恩師と障害児たちの役に立ちたい」という強い思いだった。

やがて服部の構想に共感を示す技術者が少しずつ増えた。試行錯誤の末、服部はパソコンを使った発声訓練システム「スピーチトレーナー」を完成させた。

服部はこの発声訓練ソフトで福祉ビジネスを進め、社会貢献をすることが自分のライフワークだと確信した。

ある折、「社内ベンチャー制度に応募してみないか」とある役員に声をかけられた。新規事業計画の審査に合格すると富士通から資本金の一部を出資してもらって新会社を設立できる。ただし、富士通は退職しなければならないという。

生き甲斐のあることをやろう。服部は富士通を退職し、新会社を立ち上げた。

ブラジルでの挑戦「生きがい感じる仕事をしよう」

私は拙著『続く会社、続かない会社は№2で決まる』(講談社＋α新書)で、「胆力」を発揮する人の共通項を、①愛社精神を持つ、②立身出世に無関心、③自分に対する評価を気にしない、④何があってもへこたれない粘り強さ、など12項目挙げた。これらをクリアするにはリスクを覚悟しなければならない。同僚に煙たがられ、上司に疎まれることもあるだろう。しかし、成果が得られた時の感動は言葉にならないほど大きなものがある。その時、獲得した誇りと自信は他では得られないものがあろう。

サラリーマンから起業家に転身した服部一郎はどうか。

服部は創業以来、理念「音・音声技術の開発を通じて社会に貢献する」の実現に向け「覚悟」の経営を続けている。

それはイノベーションの飽くなき追求に表れている。創業時には、日本初の声紋分析ソフトや失語症の言語訓練支援システムをはじめ、世界初の自由音声による話者照合・検索ソフトなど新技術を次々と開発。それ以降も、感情表現が可能な音声合成ソフト、音声SNSサービスなどと日本初の開発を続け、2010年代半ばからは、音声で「のど」の健康をチェックする「のどスキャン」や心の健康をチェックする「心のオルゴール」など「健康経営」支援サービスシステムの開発を行う。一方、機械設備や構造物で発生する音響・振動から故障予兆を検出するソリューション、音声合成・音声認識技術で点検・保守業務や完成品検査業務の現場を支援するソフトを開発するなど、イノベーションは留まるところを知らない。

服部は、富士通のサラリーマン時代から「胆力のある人間」を地で行く生き方をしてきた。

コンピューターの営業一筋に歩んできた服部は、配属先は全部、自分で希望した部門に就かせてもらっている。希望が叶ったのは常に、上司の期待する以上の成果を上げてきたからだ。

最初の配属先は、東京・丸の内の小型コンピューター販売部門。そこで営業の基本をみっちり教え込まれた。毎日、丸の内から渋谷まで歩いて20軒の飛び込み営業を実行し、顧客を開拓。みるみる業績を上げた。

最初の転機は1977年、かねてから熱望していた大型コンピューターシステムの販売を行う製造工業営業部に移ることができたことだ。服部は6年間、川崎製鉄担当として1台10億円以上もするシステムの販売に心血を注ぎ、実績を重ねる。やがて社内外での服部の評価は高まっていった。

2度目の転機は80年、ブラジルへ赴任した時だ。当時、川鉄を含めた大手鉄鋼メーカー各社が、ブラジルのビトリアに巨大製鉄所「ツバロン製鉄所」を作り、南米一の粗鋼生産を誇っていた。そこに富士通は2台の大型コンピューターを収めており、そのメンテナンス会社を立ち上げる必要があった。服部は自ら手を挙げ、その重要な仕事を任せられた。服部32歳の時、ブラジルでの挑戦が始まる。

現地の弁護士や公認会計士との契約、事務所の契約、スタッフの採用・教育など日本では経験したことがない仕事ばかりだった。得意の営業でも、部品の販売から代金の回収まで予期せぬトラブルが頻発した。

苦労の末、現地法人を軌道に乗せた。「辛かったですが、全てを自分1人で準備して何かを始めることの楽しさを知りました」。このブラジル経験で、「生きがいを感じる仕事をして充実した人生を送ろう」と考えるようになっていた。

帰国後、課長に昇格。神戸製鋼所と共同で日本初の新交通システムを作ったり、88年部長への昇格後も、新日鉄と共同で高炉のＡＩシステムを開発するなど新しい事業を次々と開拓していった。

それでも服部は、「もっと生きがいのあることをしたい」という思いが募っていく。

そんなある折、服部はテレビで視覚障がい児を指導する中高時代の恩師を見て「耳の不自由な子供たちのために会話訓練用装置を作ろう」と決心する。3度目の転機である。

社名はポルトガル語で「元気」、ブレない経営

持続する経営者は、創業時からすでに内在させている「夢」や「志」とワンセットになった「使命感」を持っている。

では、使命感とは何か。究極的には「世のため、人のため」という思想からくる思いや情熱だと、私は考える。それだけに使命感のある人間はそれに支えられた自己規律を持っている。使命感のない人間は自己規律を持たないため、権力を握った瞬間から堕落する。

そんな創業経営者を私は数多くみてきた。

服部一郎も、使命感と自己規律を持った創業経営者の1人だ。

会社名の「アニモ」はポルトガル語で「元気」。「社名を考える時、真っ先に思い浮かべたのはネパールの子供たちでした。あの子供たちの元気な顔が見たいと思って、このビジネスを始めたわけですから、前を見つめて歩いて行こうとの思いを込めてつけました」と服部は言う。

服部の使命感は「音・音声に関するソフトウェアの開発を通じて社会に貢献する」である。

現に服部は1995年、日本初の失語症リハビリ支援システムを開発以来、次々と日本初・世界初の音・音声技術の革新製品を世に送り出している——。音声認証ICカード、音声で睡眠時無呼吸症候群の有無を検査する「睡眠チェックサービス」や喉頭疾患を早期発見する「のどスキャン」、音声で心の健康度をチェックする「心のオルゴール」。さらに最近では音響・振動から機械の故障や構造物の劣化を予知するソフト、音声認識で点検・保守業務や完成品検査業務を支援するソフト……。

重要なのは服部の人生観からくる自己規律の経営だ。まず、服部は音・音声を核心技術とした商品だけを手掛けていること。すなわち、自社が取り組むべき事業範囲をトップの自分が理解している音・音声処理技術に絡むソリューション事業に絞り込んでいる。自分がわからない事業は手掛けない。トップが事業を把握できていなければ的確な意思決定ができないからだ。

実際、服部は社会問題の解決に音・音声技術をどう適用できるかという用途開発に腐心している。新しいソフトを開発する際も、自ら現場に足を運び、最前線の生情報を肌で感じ取り、現場の要望に応じて開発の意思決定を下すことを不可欠としてきた。

しかも、服部は新製品の開発アイデアだけでなく、販売サービスも主導し、時には服部自らが企業へ売り込むケースもある。

最近では精密機械メーカーに提供している音響による製品組立機の故障予知診断システム「アニモウェーブベース」（ＡＷＢ）がそれだ。故障予知により生産ロスを防止するこのシステムは現在、精密機械メーカーの国内外の工場に提供。これなどは服部が自ら精密機械メーカーに手紙を書いて販売契約を獲得した典型例だ。

このほかにも、服部が開拓した提供先には、プラント・配管設備の詰まり位置を計測するＡＷＢを化学メーカー、エンジン・モーターなど回転体を診断するＡＷＢを自動車メーカー、蒸気タービン異常監視をするＡＷＢを電力会社、印刷機を診断するＡＷＢを事務機器メーカーおよび新聞社などがある。

さらに服部は「会社を売らない」という自己規律を持っている。過去、大手電機メーカーなど多くの大企業から買収話が持ち込まれたが、全て断っている。また、証券会社からは何度も繰り返し株式上場を勧められたが、服部は首を縦に振らなかった。

理由は、売却したり、株式を上場したりすれば、自分の想い通りの「世のため、人のため」という経営ができなくなる可能性があるからだ。目先の利益にとらわれて、大企業や株式市場に売ると、アニモの理念は変わってしまう。変わると、社員を裏切ることにもなる。

3つ目は、規模を追わないこと。そのためソフトの受託・共同開発は受けず、自社開発技術を使用してもらう契約を貫く。

こうした服部の〝ブレない経営〟にこそ、アニモが四半世紀にわたり成長を続けてきた秘訣がある。

「無」から「有」生み出し、新しいマーケットを創造する

今、日本では経済活性化の起爆剤として、社会に新しい価値を創造する〝モノづくりベンチャービジネス〟の出現が期待されている。現在、取り沙汰されているベンチャー企業の多くは既存の産業、技術を組み合わせるツール、あるいは既存の産業・システム・コンテンツを顧客に繋ぐツールとしてのＩＴビジネスだ。「無」から「有」を生み出し、社会に新価値を創造するモノづくりベンチャー企業はそう多くないと私は考える。

その点、服部一郎は、音・音声処理技術を自社開発し、新しいマーケットを創造するモ

ノづくり起業家の1人だ。

特筆すべきは、服部が創業以来20年以上、〝起業家精神〟、すなわち「世のため、人のため」という使命感を持ち続けていることだ。それはイノベーションの追求に表れている。

例えば、医療福祉分野――。聴覚障害児童向けの発声・発話訓練システムから始まり、失語症の言語訓練支援システム、そして音声データの解析により喉頭がんを早期に発見する「のどスキャン」、睡眠時無呼吸症候群を発見する「ズージー」へと発展。さらに、音声により心の健康状態をチェックする「心のオルゴール」、喀痰《かくたん》音分析による吸引タイミングの検知へと技術開発を進めている。

また、組込み・クラウド分野でも、音声から本人確認を行うことができる認証、音声合成ソフトや音声承認による音声証書、最近では音響・振動の解析による故障の予兆監視技術を開発。工場の機械設備や構造物から発生する音響・振動で故障の予兆を検出、いち早くロスを防止するシステムだ。服部が言う。

「今までは打音、回転音、モーター音などの暗黙知のあるベテランの年配の工員さんが工場内の音の異変に気付いた。しかし、無人化が進み、異常音を察知できる経験豊富な人がいなくなった。そこで故障の予知を行う検知システムを創ったのです」

服部は、会社の命運はイノベーションで決まると危機感を抱く。それだけに、自社技術を他分野へ展開する「用途開発」を中心とした商品開発に全精力を注ぐ。2014年、社長の座を富士通出身の茂手木正也（元富士通マレーシア社長）に譲ったのも、商品開発に専念するためだ。

さらにもう1つ、服部が人事採用・教育に腐心しているのも、商品開発を推進するためだ。アニモの30名の技術者は全て服部のお眼鏡にかなった人ばかりで、現に、異彩を放つ社員が多い。例えば、技術部長はブラジル生まれ。国立工科大学「ＩＴＡ」卒業後、東大で音声音響工学博士号を取得。頭脳明晰。しかも、真面目で謙虚、強い責任感と昔の日本人の美徳を備えている。

また、コールセンター事業部長は10歳から競泳を続け、日体大では水泳部主将を務める。今、部下育成に力を発揮。さらに、開発部長はヤマハ入社後、豊橋技術科学大学を出て入社。横浜フィルハーモニー管弦楽団の一員。そして、営業マネジャーは米国生まれで、子供の頃からピアノを弾き、絶対音感を持つ。ビールの泡の音に詳しい。服部は、そうした彼らの才能をいかに発揮させ、開発に繋げていくかに、心を砕いている。

服部自身、かつて富士通時代、2人の大先輩に鍛えられた。当時、川崎製鉄専務取締役千葉製鉄所副所長の佐々木健二と、富士通専務取締役営業本部長の成田清だ。佐々木には日本の製造産業のビジョン、人間関係の築き方を、成田からは実直さ、リーダーの在り方を教わった。今でも、2人の言葉は忘れない。

今後は自分が次世代に継承しなければならないと考える。

「人間の5感のうち、聴覚は音声、視覚は画像、触覚はバーチャルリアリティ（仮想現実）で、IT化できます。この3感をうまく融合させ、社会の役に立つ技術を持つ、ピカリと光る、生きのいいコハダのような会社に成長させたいと思います」

服部の〝続ける挑戦〟が続く。

8

小山正彦《こやままさひこ》　プリンスホテル社長

過去を否定し、常識を打破する事業革新「全ては社会のため」

顧客応対を撮影、社員の「気付き」を起こさせる

私は、企業の成長の不可欠な条件は、No.2の存在だと考える。私が言うNo.2とはヒエラルキーに基づく役職やポジションの「2番目」ではない。肩書きは副社長かもしれないし、中間管理職かもしれない。それぞれの階層に存在する。

役割の1つは、トップに意見を具申する参謀であり、ビジョンの具現化を補佐すること。もう1つは、トップと現場を繋ぎ、社員の自発性を引き出し、モチベーションを上げ、自由闊達な企業組織に変える世話役であることだ。

小山正彦も、No.2からトップに上り詰めた経営者の1人だ。

小山は、プリンスホテル野球部1期生として入社。2年間現役生活の後、マネージャー、コーチを務め、1989年、都市対抗野球大会の初制覇を機に野球部を離れ、仕事に専念。品川プリンスホテル総務課長、同宿泊部長、大津プリンスホテル支配人、執行役員グランドプリンスホテル高輪・新高輪総支配人、同軽井沢プリンスホテル総支配人、常務執行役員西日本エリア担当などを歴任する。随所でNo.2の役割を果たしてきた。

小山の特徴は部下に〝気付き〟を起こさせることで部下のモチベーションを上げていることだ。

最初にNo.2シップを発揮したのは99年、品川プリンス宿泊部長の時だ。折しも、品川プリンスは39階建ての新館を開業し、本館、別館等を合わせ部屋数3000室の同社最大規模となる。稼働率は高水準を維持し、日本一忙しいプリンスホテルといわれた。

小山は宿泊部長になると、新館のフロント前に立

小山正彦（こやま・まさひこ）1956年、兵庫県生まれ。立命館大学経済学部卒。1979年プリンスホテル入社。「プリンスホテル野球部」1期生選手。1989年コーチとして都市対抗野球大会初優勝に導く。その後、ホテル事業所配属。本社勤務はなく現場一筋。品川、高輪・新高輪プリンスホテル総支配人、軽井沢プリンスホテル総支配人などを経て、2016年取締役常務執行役員西日本エリア担当。2018年6月代表取締役社長兼セールス&マーケティング本部長。

ち、従業員の応対ぶりを観察した。すると、従業員は誰も顧客の目を見て挨拶していない。何度指導しても、周知徹底しない。気付いていないからだと考えた。そこで小山は、チェックイン・アウト時の従業員の応対の様子をビデオに撮り、個々に確認させた。それを機に、従業員は顧客の目を見て挨拶するようになった。

もう1つ、小山がフロント応対で工夫したのは、顧客を1列に並ばせ、空いた所に列の先頭の人を案内するフォーク式の並び方の導入。ホテル初の試みだ。小山は案内係をマネージャーにやらせようとしたが、「かっこ悪い」と言ってやらない。「それなら」と、小山は率先垂範してフロント前に立ち、案内係を務めた。顧客は小山の心のこもった案内に笑顔で応じた。「この列は遅い！」と連日、顧客からクレームが出ていたのが嘘のようだった。顧客満足の大切さを気付かされたマネージャーたちは案内係を買って出るようになった。

次に、小山が№2役を果たしたのは2001年から4年間務めた大津プリンス支配人の時だ。当時、大津は業績が伸び悩み、社員のモチベーションは下がっていた。原因は、大津は京都の裏に隠れ、お客は皆京都へ行き、大津には来ないという〝負け犬根性〟がしみ込んでいることにあると考えた。それを直すためには、社員に挑戦する気持ちを持たせなければならない。小山は社員に滋賀の魅力を気付かせるため、琵琶湖周辺、比叡山を何度も一緒に回った。次第に社員たちは、大津は京都にはない魅力的な観光名所があることに気付き、自信を持った。その結果、社員の士気は高まり、大津プリンスの業績は向上した。

また、軽井沢プリンスでも、小山が総支配人として赴任した当時、08年のリーマンショックの影響で業績不振に苦しみ、社員の士気も低下していた。しかし小山は、日本有数のリゾート地、軽井沢は本当に〝地盤沈下〟しているのか、自分の目で確認することにした。

軽井沢の別荘や高級ホテルを見て回ると富裕層の顧客で賑わっていた。小山は、軽井沢プリンスは必ず復活できると確信した。社員たちと一緒に軽井沢周辺を回り、最高のリゾート地であることを気付かせた。

小山は、南館の大改装、年間営業への転換を実施。同時に、社員に顧客の服装や顧客との会話内容などを記録させることで、顧客満足向上への意識改革を行った。それにより、社員の意識が変わり、きめ細かなサービスを実施するようになった。社員の気付きで軽井沢は勢いを取り戻した。

「災害桟橋」「別荘型ホテル」柔軟な発想で地域活性

いつも言うように、企業が継続するには昨日と同じではいけない。

過去の自分を否定し、成功体験を否定し、会社の在り方を否定する。変化するビジネスシーンにおいて、変わり続けない限り、継続はできない。それはつまり、過去、常識、慣習を覆し、イノベーションを継続して行うことに他ならない。それができる人材こそ経営者であり、その源は「覚悟」にある。

その点、小山も過去を否定し、新しいことに挑戦し続けている。

2018年、社長に就任すると、西武グループ中核企業としてグループ理念「でかける人を、ほほえむ人へ。」の実現に向け、ビジネスモデルの改革を打ち出す。

1つ目は、グローバル事業の本格展開。高級ホテル「ザ・プリンス アカトキ」を19年、ロンドン、21年、中国・広州に開業するのを皮切りに今後ニューヨーク、パリなどへの進出を目指す。2つ目は、次世代型宿泊特化ホテル「プリンス スマート イン」の立ち上げだ。20年10月に東京・恵比寿に、その後、熱海（静岡県）、京都、沖縄に開業し、当面100ホテルの展開を計画する。3つ目は、会員制リゾートホテルのオープンだ。「プリンス バケーション クラブ ヴィラ軽井沢浅間」など会員制ホテル事業を開始する。

小山の挑戦には、プリンスホテルの持つ〝強み〟をさらに強くするという特徴がある。入社以来、随所で過去のやり方や慣例を無批判に受け入れることなく、改革を行ってきたことからもうなずける。

最初に、小山が慣例を覆したのは、品川プリンス宿泊部長の時だ。

折しも、新館の開業で、顧客が急増。フロントではチェックイン・アウト時には10ヵ所の行列ができた。遅々として進まない列に並んでいる顧客から苦情が寄せられた。顧客満足の向上に反することだった。そこで小山は列を1つにし、空いた所に列の先頭の人が入るフォーク式の並び方に変えた。顧客起点の発想からのホテル常識を覆す改革だった。

その後、大津プリンス支配人の時も、小山はホテル前に大型遊覧船の桟橋を作るという画期的事業に挑戦した。大津の特徴は、比叡山延暦寺、門前町坂本、琵琶湖など観光名所に恵まれていることだが、最大の魅力は何と言っても、湖岸に立地し、琵琶湖を一望できる点にある。しかし、眼前の琵琶湖を目玉商品として売ることに力を入れていなかった。なぜ、湖上遊覧をグループ企業と一緒にやらないのか。なぜ、観光船に乗るために大津港まで出かけなければならないのか。小山は琵琶湖の強みを生かしていないと考えた。

そこで小山は、ホテル前に桟橋を造ることを考えついた。早速、県や市当局、地元漁業組合と交渉を行うが、「観光船桟橋」という条件では許可しないという。小山は一計を案じ、「災害桟橋」という新たな条件を提示、建設許可を得た。現在、桟橋は目玉スポットとなり、大津プリンスの活性化に貢献している。

3つ目は、06年、高輪・新高輪プリンス総支配人の時、本館から宴会場、新館を繋ぐ通路のテント（屋根）を取り外したことだ。高輪では1990年から連絡通路に雨よけテントが付けられていた。小山はそれに異議を唱えた。高輪の〝売り〟は四季折々の風景が楽しめる日本庭園にある。その景観をさえぎるテントは取り外すべきだ。社内には宴会場開業時に設けられたテントだからと反対の声が上がった。しかし、小山は顧客満足向上に徹するべきだと押し切った。

さらに小山は、軽井沢プリンス総支配人の折、別荘タイプの宿泊施設「ヴィラ」を開業する。軽井沢の〝強み〟は避暑地であること。その強みを強くすべきだと考え、小山は別荘所有者に話を聞き続けた。すると、別荘は時々空気を入れ替えたり、使用前は掃除をしなければならないなど手がかかる。また、使ったときも、夫人は料理を作らなければならないのでゆっくり休めないという。

そこで考えたのが、夫人も満足するようなサービス完備の別荘型ホテルだった。食事、飲み物はセンターハウスを利用できる。新型別荘は軽井沢に新風を吹き込んだ。

社員の自発性を促し社員を主役にする小山流マネジメント

私は、会社の主役はトップではなく、社員でなければならないと考える。社員が主役になることで、〝社員力〟が発揮され、会社は動く。トップ一人では、経営ビジョンの策定や全社へのメッセージの発信が十分できない。何よりトップ一人の努力だけでは、企業改革もできない。改革は社員一人ひとりが自分の頭で考えて、自分の責任で判断し、実行していく能力を持ち、能動的な仕事をやらない限り、成し遂げられないのである。

その点、小山はどうか。「社長の役割は社員に方向性を示し、目標を与えること、その目標に向け、会社全体が動く環境づくりを行うこと」と明快だ。

同社のビジョンは、「世界中のお客様から選ばれ続けるホテル」。それを実現するため、小山は顧客を創造し続けるマーケティングの一層の強化と、圧倒的に差別化された顧客価値＝ブランドの向上を目指す。

では、社員が自発的に動く環境とは何か。社員が遣り甲斐を持てる仕事環境であり、それはすなわち社員が自分の頭で考え、自分の責任で行動する〝企業風土〟だ。そんな風土を醸成するには、「社員に任せることが大事」と小山は言う。

「社員にアイデアを提案させ、それを公平に評価する。経営との信頼感が生まれ、やりがいを持ちます」

過去、随所でリーダーとして新しいことに挑戦してきた小山ならではの確信だ。

小山が社員の自発性を促す舞台作りを行ったのは2018年4月、副社長兼セールス＆マーケティング本部長に就任した時からだ。

まず、ブランドの浸透化がある。同社は17年4月、「ザ・プリンス」「グランドプリンス」「プリンスホテル」の3つのブランドごとにプロダクト基準とサービス基準を策定し、同時に「ブランドステートメント」の見直しを実施した。基準はブランドマネジメント室（当時）が中心となり、社員の意見を集約して作った。まさに全員参加で創り上げたブランドだった。

しかし、ブランド基準は社内に浸透しなかった。そこで副社長に就任した小山は、「もう一度、ブランドの浸透を徹底してやろう」と社員に呼びかけた。考え抜いた社員たちは、「ブランドステートメント」を明記したカードを作り、全社員に携帯させることを提案した。

文言は「どの旅も、世界にたったひとつの旅。心を込めてお迎えいたします」。小山は了承し、社員にそのカードを作らせ、19年4月から全社員に持たせている。

重要なのは社員がステートメントで自分たちの思いを「宣言」している点だ。社員の社員による〝自己規律〟の誓いでもある。

ほかにも、社員に考えさせ、行動させている例としてオリジナル商品作りがある。18年から販売開始している化粧品「ＡＳＡＧＩ」は若手女性社員の提案により商品化したもの。そのほか、社員提案の商品にはコーヒー、クッキー、お茶などがある。

また、軽井沢プリンスホテルの温泉施設の改装、宿泊特化ホテル「プリンス スマートイン」の部屋のレイアウトなども社員提案によるものだ。

社員を主役にする〝舞台作り〟の原点はプリンスホテル野球部のマネージャー、コーチ時代にある。その時、マネージャーの役割は選手が力を発揮できる舞台作りであり、コツは気配り・先回りだと体得した。一方、コーチの役割は選手に〝気付き〟を起こさせることだと感得した。

典型例はプリンスホテルからドラフト1位で近鉄に入団した石井浩郎への指導。石井はプリンス時代、4番打者になったが、最初は打てなかった。しかし、決められたメニュー通りの練習しかしない。そこで小山は石井に「弱いのはインコースだろう。なぜ、インコースを練習しないんだ」。すると、ある日突然、石井は一人で練習をし始めた。石井は弱点に気付き、インコースを克服、活躍するようになった。この時、小山は、コーチの仕事は選手に〝やらせる〟のではなく、〝考えさせる〟ことだと確信した。社員の自発性を促す小山流マネジメントの原点となった。

委託先からの顧客情報流出に迅速謝罪会見

私は、「胆力」は経営トップの絶対条件だと考える。継続するには昨日と同じではいけない。過去の成功体験を否定し、前任者を否定し、会社のあり方を否定する。それはつまり、常識、慣習を覆し、イノベーションを継続して行うことに他ならない。それができる人材こそ経営者であり、その源は胆力にある。

では、その源泉は何か。「使命感」であり、それこそが経営者に必要な最大にして最重要の資質だ。

小山正彦も、覚悟をみせる経営者だ。社長就任以来、イノベーションに挑み、「革新と攻めの経営」を追求し、持続的成長を達成しようとしていることに表れている。

プリンスホテル野球部出身の小山から受ける印象は、体軀こそ身長188cmと大柄だが、実に慎ましやかである。しかし、その内にある意志の強さは、社長就任直後からの改革の断固たる実行をみれば明らかである。

小山は2018年6月、社長に就任すると、社員の意識改革に着手した。1つは「世のため、人のため」になる仕事をする会社であるという価値観を植え付けている点だ。それを表すエピソードが社長就任5日目に起こったサイバー攻撃による顧客情報流出事件への迅速な対応である。

サイバー攻撃を受けたのは、同社が予約サイトの運営を委託していた仏F社で、世界中のホテルが被害を受けた。プリンスホテルは直接の攻撃を受けたわけでもなく、防衛対策の不備だとされる責任もない。にもかかわらず、小山は発覚後、ただちに自ら謝罪会見を行った。「F社は黒子。真の被害者はプリンスホテルの顧客だ」という思いからだった。小山の根底にあるのは「世のため、社会に尽くす会社でなければならない」という価値観だ。その価値観を全社で共有すべく意識改革を断行するという覚悟を示した行動といえる。

もう1つは、社員が自分の頭で考え、自分の責任で実行するという意識改革である。そのために、小山は全事業所を自ら回り、社員との対話会を設け、自分の理念を伝える一方、現場の課題を聞き取り、解決策を考えさせている。また、本社の部長会、セールス&

マーケティング部長会、CS定例会など定例会議、組織横断的課題を協議する宿泊、料飲、ゴルフ、スキーなど7つの委員会でも自分の思いを訴える。繰り返し訴えるのは「顧客の好みに応じたサービス提供」であり、それを実践するためのキーワード「緻密なオペレーション」「きめ細かいマーケティング」「デジタル戦略」などである。

さらに小山は、事業の抜本改革でも胆力を発揮する。国内では宿泊特化型ホテル「プリンス スマート イン」を2020年10月から東京・恵比寿などで展開、当面100ヵ所開業を目指す。

海外では、高級ホテル「ザ・プリンス アカトキ」を19年に英ロンドン、21年には中国・広州で開業を予定。また既存のホテル「パークレジス」と「レジャーイン」などを現在の世界33ホテルから100ホテルへ拡大する計画である。

こうした小山の胆力は一朝一夕につけられたものではない。胆力を持つ人間には共通点がある。それは、①立身出世に無関心、②自分に対する評価を気にしない、③弱みを見せられる、④何があってもへこたれないこと——など9つある（拙著『続く会社、続かない会社は№2で決まる』（講談社＋α新書））。

小山にも、そうした多くの共通点がある。例えば支配人時代——。大津プリンスでは観光船桟橋は認可しないという県や市の当局と渡り合って、「災害桟橋」という新条件で、ホテル前に観光遊覧船桟橋を造った。高輪プリンスでは宴会場開業以来、慣習として取り付けられていた連絡通路のテントを取り外した。さらに、軽井沢プリンスホテル南館では年間営業に転換、別荘型のホテル「ヴィラ」を開業した。いずれも胆力がなければ、成し遂げられない改革だった。

グローバル化、宿泊特化型、会員制ホテル…イノベーションで成長

すでに世の中は「創造と変革の時代」に入っている。グローバル化、M&A（企業の合併・買収）の洗礼。GAFA（グーグル、アップル、フェイスブック、アマゾン）に代表されるネット経済の急速な進展、人材の流動化、環境問題の深刻化、CSR（企業の社会的責任）への注目の高まり。時代が変わり、スピードがアップした今、多くの企業がビジネスモデルの変更を迫られている。

そんな中、企業が成長を遂げるためには、イノベーション（事業革新）が必要である。イノベーションなき成長はあり得ない。「保守したくば改革せよ」という言葉があるが、存続するためには、改革し続けなければならない。

その点、小山も同様、事業革新を追求している。

1つは、海外展開を進めるためのイノベーション。それを象徴するのが2019年に英国・ロンドン、21年に中国・広州で開業予定の高級ホテルブランド「ザ・プリンス アカトキ」の開発である。

ブランドの特徴は日本文化をベースにしたデザインやおもてなしを採用し、世界中の富裕層を顧客対象にしている点にある。ブランド名「ＡＫＡＴＯＫＩ」（明時）は、プリンスホテルのグローバル化の〝明け方〟という意味を込めて名付けられた。将来は世界の主要都市に進出する方針という。

新ブランド展開の布石は、同社がグローバル化を進めるため、17年7月、オーストラリアを拠点とするホテルチェーン「ステイウェル社」のホテル事業を43億円で買収した時から打たれていた。ステイウェル社の「パークレジス」と「レジャーイン」の既存ブランドとは別に、新たにプリンスの海外高級ホテルブランドとして開発したのである。

ステイウェル社買収により、同社の海外ホテル数は既存のハワイ、台湾を含め計33にまで増加した。さらなるグローバル化推進のため、同社は19年、海外マーケティングを行う海外事業部を新設する一方、海外営業所を世界8ヵ所に設置し、海外マーケットの開拓に注力する。

もう1つは、国内市場開拓のための事業革新である。

同社は20年10月、若い世代を顧客対象とした宿泊特化型ホテルブランド「プリンス スマート イン」を東京・恵比寿（渋谷区）に、その後熱海（静岡県）、京都、沖縄で開業。「プリンス スマート イン」は、「ザ・プリンス」「グランドプリンスホテル」「プリンスホテル」の3つのフルサービスホテルに対し、リミテッドサービスの第4ブランドとして位置付け、中長期的には100ホテルまで拡大する計画だ。

特徴は、デジタルネーティブ（世代）にICT（情報通信技術）・AI（人工知能）を活用したサービスを提供することと、宿泊代は1万円前後に抑えていることにある。

小山が言う。

「近年、国内のホテルはインバウンド客の増加で、平均客室単価が急騰し、1万円前後では泊まれなくなっています。若年層は裾野の広い、大きなマーケットです。これを取り逃がしてはいけないと考え、宿泊特化型の『プリンス スマート イン』を開発したわけです。新しい顧客の開拓が目的ですが、私は将来のプリンスホテルの顧客化へつなげていきたいと考えています」

さらに、新規事業としては会員制ホテル事業「プリンス バケーションクラブ（PVC）」がある。これは別荘の利便性とホテルの快適性を融合させた新しい滞在スタイルを提供する革新事業だ。

19年7月、軽井沢浅間プリンスホテルの敷地内に「ヴィラタイプ」「ホテルタイプ」の2施設、伊豆長岡温泉・三養荘に「PVC三養荘」（静岡）を開業。今後は箱根、湘南（神奈川）、日光（栃木）、北海道などリゾート地を中心に展開し、将来、20施設の展開を目指す。

ホテル、スキー場、ゴルフ場など全国各地に多くの事業所を擁する西武グループ。先人たちが築き上げてきた資産をいかに継承し、価値を高めていくか、事業革新に懸ける小山の経営手腕が注目される。

女性社員を積極活用、顧客満足度の向上につなげる

私は拙著『「使命感」が人を動かす』（集英社インターナショナル）で、持続的に繁栄している企業の経営者は必ず強い使命感を持ち、それに支えられた情熱を持っていると書いた。

では、使命感はどこから生まれるのか。オーナー経営者の場合、意思決定の責任の所在が自分にあることから生まれる。決めるべき人はオーナーで、責任を取るべき人もオーナーであるからだ。

一方、サラリーマン経営者の場合、使命感は、「世の中、社会のため」という企業文化から生じる。逆に言えば、「世のため、人のため」という自発性の企業文化が自社に埋め込まれていない企業の経営者は使命感が希薄である。

小山は、「世のため、人のため」という創業以来の企業文化を継承すべく使命感を持っている。

「社会の発展、環境の保全に貢献し、安全で快適なサービスの提供」というグループ理念を唱え、「顧客の『感動』を創り出すサービスを目指す」と宣言し、「世界中の顧客から選

ばれ続けるホテルを目指す」というビジョンを掲げる。そして、その実現に向けて、マーケティングの強化と、圧倒的に差別化されたブランド価値の向上に邁進するのは、全て使命感からである。

企業にとって「世のため、人のため」の仕事とは、一過性の社会貢献ではない。自社のサービスを顧客に提供することを通じた社会への継続的貢献である。そのためにはまず、必要な利益をきちんと取ることが絶対条件となる。その点、小山の持つ企業観は「企業とは利益を上げることを通じて長期的に社会に貢献することを目的とする組織」である。

利益は目的ではなく、手段として必要と考える。「サービスが先、利益は後」、つまり顧客が満足するサービスを提供すれば利益は自然とついてくると考えるのはそのためだ。

会社の存在意義は顧客にとっての付加価値を持続的に提供することにある。顧客に評価され、市場に受け入れられる企業は存続し、そうでない企業は退出させられる。小山がサービス品質や顧客満足にこだわるゆえんだ。

小山が社長就任以来、女性社員の活用を積極的に行うのは、顧客の半分を占める女性の視点での商品・サービスの企画・立案を促進し、サービスの品質や顧客満足度の向上を図るためである。同社ではすでに、化粧品、クッキー、お茶などのオリジナル商品の開発や、プリンスホテルのブランド別サービス・ハードの規準作り、各ホテルの改装などは主に女性社員の企画提案を採用している。

さらに小山は女性支配人を続々と誕生させてもいる。ザ・プリンスギャラリー東京紀尾井町総支配人、川越プリンスホテル（ＰＨ）支配人をはじめ、グランドＰＨ広島管理支配人、ザ・プリンス京都宝ヶ池宿泊支配人、東京シティエリアマーケティング統括支配人、プリンス スマート イン恵比寿支配人といった具合である。

もう1つ、小山が使命感を持つのは、地域や社会の一員として企業活動を行うことである。例えば環境問題。同社では「食品ロス問題」「ごみ問題」に取り組む。２０１８年、ＰＨのレストラン利用者数は延べ１０００万人。ブッフェレストランを中心に食品ロスが発生している。

そこでブッフェレストランでは仕切りのある皿を使用。その結果、顧客は食べられる量だけを取るため、食品ロス削減が実現しつつある。また、ごみ問題でも、例えばシャンプーなどのアメニティをミニボトルから大きなボトルに詰め替える方法に変更することで、プラスチックの廃棄量を大幅に削減している。19年からはプラスチックストローの廃止を全国の事業所で順次開始。また、ゴルフ場の脱衣所に設置している使い捨てビニール袋の提供を終了し、顧客にマイバッグの持参を呼び掛けている。

大事なのは社員一人ひとりが「世のため、人のため」に仕事をしているという意識を持つこと。それを小山は、どうやって社員に動機付け得るのか。それは社員の中にある「幸福運命共同体」的意識をどう醸成していくかにかかっている。

9

布施《ふせ》孝之《たかゆき》　キリンビール社長

「他責文化」を排除し、改革シナリオを描き、実行

「一番搾り」に集中、大阪支社60人のやる気を引き出す

多くの経営者と接していて思うのは、成功する経営者には「幸運思考」があることだ。「運」というのは、「私は運が良い」と思う人につき、「運が悪い」と思う人にはつかないようだ。現に、幸福な成功者の多くが「自分は運に恵まれた」と語っている。

彼らに共通するのは、逆境でも「運が良い」と思えることだ。人は誰しも同じような体験をし、同じような経験をする。それに対して「運が良かった」と思えるような人が成功している。どんな辛い経験をも、学習であり、自己鍛錬であり、試練だと思える。そんな「幸運思考」の人が「成功者」になっているようだ。

キリンビール社長の布施孝之も、その1人。

早稲田大学商学部を卒業し、ビールの〝王者〟キリンビールに入社できたことに始まり、神戸支店特販課を振り出しに西東京支店営業1課長、東京支社営業推進部長、首都圏営業企画部長、大阪支社長、小岩井乳業社長などを歴任し、キリンビールの経営を任されたことに至るまでずっと運が良かったと考える。

布施が何事もあきらめないのも、粘り強いのも、学び心が旺盛なのも「幸運思考」があるからだ。とりわけ、重要なのはあきらめないこと。途中でうまくいかず、挫折感に苛まれても、挫けずにやり続けることができるかどうか。これが成功と失敗の分かれ目となる。

布施孝之（ふせ・たかゆき）　1960年、千葉県生まれ。早稲田大学商学部卒業後、1982年にキリンビールに入社。神戸支店を皮切りに、東京を中心に一貫して営業職に携わる。2008年に大阪支社長に着任。劣勢だった大阪市場を一番搾りに集中した活動で盛り上げ、2009年のキリンビール首位奪回に貢献する。その後、小岩井乳業社長を経て2015年よりキリンビール代表取締役社長に就任。

その点、布施自身、「あきらめない人」を地で行くようなビジネス人生を送ってきた。

入社後7年間携わった神戸支店特販課では、ビールを扱わない地元中小スーパーマーケットを担当、主に小岩井乳業の乳製品を売っていた。当時、キリンは市場シェア62％超を占める常勝軍団。恒常的に欠品が発生し、営業は割り当て出荷を余儀なくされる、いわば〝殿様商売〟の状態が続いていた。

そんな本流営業を横目に、布施は毎日スーパーマーケットを回り、乳製品のデモンストレーションに打ち込んだ。エプロンを着け、バターをカットして顧客に試食してもらう試食販売活動である。

また、土日は生協で「ライトビール」の試飲販売のマネキンを務めた。さらに、特販課最後の1年半は取引先企業と共同で始めたビアレストランの責任者として、顧客の満足するメニューやサービスの追求に腐心した。

こうして布施は、キリンが独り勝ちの時代、売りにくい商品を顧客に売るという経験を積む。それにより、「自分たちの給料はお客様から出ている」ことを肌で感じ、「本流営業では実感できない、〝お客様の大切さ〟を知る得難い経験」と布施は捉えた。

布施が幸運思考で、試練を乗り越えたのは大阪支社長時代だ。2008年3月、布施は大阪支社に着任すると直ちに、社員60人と個別面談した。すると彼らは異口同音に「戦略が悪い」「販促金が足りん」と不平不満をぶつけてきた。布施はやる気を出してもらおうと、率先垂範して取引先を回ったり、「自信と誇りを持って仕事に取り組もう」と訴えたりしたが、うまくいかない。

風土改革のきっかけを考えた末、布施が思いついたのは翌年3月にリニューアルする「一番搾り」を使うことだった。一番搾りに力を集中させ、1点突破で支社を立て直す戦略を立てた。2月、入社2年目の新人に、「1日120軒の飲食店を回って、一番搾りのおいしさを伝えてこい」と指示した。すると、彼は目標を3つも上回る123軒も回った。ベテランたちは自分の子供のような若者が頑張っている姿を見て奮起し始めた。その結果、職場の雰囲気が良くなった。支社の風土は変わり、一枚岩の組織となった。その点が高く評価され、大阪支社は顕著な業績向上を実現した組織に授与される「キリンビール大賞」を受賞した。

その受賞パーティで、その年、定年退職する年配社員がスピーチした。「最後に素晴らしい仕事ができました。これで、自信と誇りを持って、第2の人生を歩んでいくことができます」

その言葉から布施は、リーダーは仲間の人生を幸せにすることができるということを学んだ。

以来、布施は「社員が幸せで、豊かな人生を送れる会社」にすることを目指し、奮闘する。

社員に寄り添い、謙虚に聞く「対話は聞くことから始まる」

私は、経営者にとって社員のモチベーションを上げることほど大事なことはないと考える。社員が自分の頭で考え、自らの責任で行動する、そんな企業風土を作る必要がある。そうすれば目標を達成した時の達成感は深い感動に変わり、仕事に生き甲斐を感じるようになる。その結果、会社へのロイヤルティーが高まり、モチベーションも一段と高まり、一層やる気が出てくる。すると、会社の業績も上がり、給料も上がり、大いなる満足が得られ、モチベーションはますます高まるといった具合に、正のスパイラルが繰り返される組織となる。

技術やノウハウはすぐに知れ渡るが、社員のモチベーションだけは簡単に手に入れることができない。決して埋まることのない企業の競争力の差異の源泉となる。

その点、布施孝之はどうか。社長就任以来、自分の理念やビジョンを社内に徹底させることに腐心している。そのために自分の言葉で理念や方向性を繰り返し語り続けるだけでなく、実際の会社運営と一致させてきた。つまり、言行一致である。決して形骸化させず、語った通りの会社運営を実行しているのである。

例えば――。企業ビジョン「お客様のことを一番考える会社」を実現するために、組織改編を行い、マーケティング部と営業部を傘下に持つマーケティング本部を新設した。また、「人を残す」という理念を実現するため、将来の基幹人材育成を目的とする「布施塾」を開始した。さらに、自らの思い「売り場優遇率向上」を具現化するため、コンビニエンスストアなど流通のPB商品の製造を請け負った。こうした「言行一致」の断固たる実行により、社員に本気を伝えている。

もう1つ、布施流モチベーション向上法の特徴は社員と対話を行い、心を通わせている点にある。布施は年2回、全国11ヵ所の営業統括本部を回り、営業変革に対する思いを伝え、戦略を説明する一方、現場の意見や思いを聞く。また、2019年は全国9工場を回り、生産現場の従業員と対話を実施。その際、契約社員、パートに至るまで一人ひとりの現場従業員に対し、まず感謝の気持ちを伝え、そこから対話を始める。キーワードは「お客様のことを一番考える」「現場が主役」等々。

重要なのは、布施は社員に寄り添い、社員の意見を謙虚に聞いていることである。社員こそが企業を変え、成長させる「主役」であると確信しているからだ。だからこそ、社員が持てる力を100％発揮できる環境作りに心を砕く。

布施は、「社長の仕事は社員に自らの夢や経営ビジョンを語り、それへ向けて会社全体が動くように仕向けること」という〝社長観〟を持つ。根底に社長一人の努力だけでは成長は達成できないし、企業改革などできないという考えがある。

では布施は、いつから「人の話をよく聞く」を信条としたのか――。入社3年目の1985年、布施は神戸支店特販課でキリンが専売するゴルフ場を担当していた。ある日、定期訪問すると、全ての商品が他社に切り替えられていた。布施は頭が真っ白になった。支配人に理由を問い詰めたが、答えない。布施は上司の課長に報告した。「私は定期訪問を行い、提案もしていました。やるべきことはやっていたのですが……」。課長は言った。「コミュニケーションというのは全て受け手に権利があるんだ。相手が聞き流していたら、そこにコミュニケーションはない」

その言葉に、布施は衝撃を受けた。課長の指摘する通りだった。布施は人間として傲慢であったことに気付き、深く反省し、謙虚になろうと決意した。以来、「対話は聞くことから始まる」を実践するようになった。

布施が、大阪支社長時代、難題の風土改革を成し遂げたのも、また小岩井乳業社長時代、困難な経営再建を成功させたのも、社員一人ひとりと対話を行い、彼らの気持ち、想いを聞く一方、社員のやる気を引き出し、仕事に対する遣り甲斐を感じさせたからに他ならない。

「布施塾」で次世代担う社員を育成

私は、拙著『続く会社、続かない会社は№2で決まる』（講談社＋α新書）で、会社を変えるのは「№2」であると書いた。私の言う№2とは役職やポジションの「2番目」ではない。専務かもしれないし、課長かもしれない。企業を変え、成長させる主役である。

トップに意見を具申する参謀であり、ビジョンの具現化を補佐する役割を担う。また、トップと現場の間をつなぎ、社員のモチベーションを高め、自由闊達な企業風土に変えていく世話役でもある。

私は「No.2」の活躍によって業績を伸ばした企業、再建を果たした企業を多数見てきた。No.2の有無が企業の明暗を分けることは、〝歴史〟が証明している。

布施はどうか。社員一人ひとりが自分の頭で考え、問題点や課題点を見つけ、仲間と一緒に解決していくことが当然の価値観として共有されている組織風土作りに腐心している。

それを具現化するため、布施は「布施塾」を主宰、次世代の経営を担う社員を選抜、育成を図っている。塾では「リーダーとしてのマインド・志（心）とリーダーシップ（行動）の強化」に主眼を置く。まさに、「No.2」作りである。布施が言う。

「目的は〝人を残す〟こと。戦略的思考力など知力を高めるだけでなく、『仕事とは何か』『人生とは何か』といった経営者としてのよりどころや軸の部分を学ぶ機会にしてほしいと考えている」

そんな布施も、入社以来、神戸支店特販課、八王子支店営業課、西東京支店営業1課長、東京支社営業推進部長、首都圏営業企画部長、大阪支社長など営業畑を歩み、随所で〝No.2シップ〟を発揮してきた。

最初に№2的役割を果たすのは、1988年から約2年間の神戸支店の時だ。当時、支店の取引先が経営する古いレストランを改装、キリンが共同経営することになった。布施は責任者に任命される。若いお客で繁盛する店作りを目指した。そこで新店がオープンするまで、モデル店となる東京・六本木のビアホール「ハートランド」で皿洗いなどの手伝いをしながらノウハウを学んだ。オープンすると、布施は毎日、店長、料理長とミーティングを行い、顧客の満足するメニューやサービス提供の追求に心を砕いた。苦心の末、経営を軌道に乗せ、キリンの飲食店事業の活性化に貢献した。

さらに、布施は89年から5年間携わった八王子支店でも、№2の役割を果たす。〝王者キリン〟時代が続いていたが、布施はシェアを高めることに苦心する。どうすれば酒屋の心をつかむことができるか――。布施は、酒屋を訪問するたび「自販機を掃除させてください」と他社の自販機であっても雑巾で磨く。それを日々行った。

さらに、布施は訪問した酒屋がビールを配達する時は率先して手伝った。やがて、酒屋の間で「今度来た布施は熱心だ」と評判となり、自販機をキリンに替えてくれたり、新規取り引きをしてくれたりする酒屋が現れ、東京都多摩市地区の販売実績を上げた。

布施が〝№2シップ〟をフルに発揮するのは、2008年からの2年間、近畿圏統括本部大阪支社長として赴任した時だ。大阪支社はこれまで何人もの支社長が改革を試み、道半ばで終わっていた。その改革を布施は成し遂げた。手法はまず、全社員との個別面接を実施し、社員の気持ちを把握することから着手。次に、社員の士気を高めるための手段を講じる——。布施は、「新一番搾り」に力を集中させ、1点突破で支社を立て直す戦略を立てた。新人に「1日で120軒の飲食店を回り、『一番搾り』のリニューアルを説明してこい」と指示。すると新人は123軒も回った。それに心を動かされた社員たちは奮起、支社の雰囲気は変わり、一枚岩になった。布施は困難といわれていた〝大阪支社改革〟をやり遂げ、近畿統括本部のNo.2となった。

その後、布施は小岩井乳業社長に就任、赤字を黒字に転換、再建を果たし、キリングループのNo.2として力を発揮した。

社の幹部には真っ向から反論、部下には頭を下げて謝罪

「胆力」は経営トップの絶対条件だと考える。なぜか。継続するには昨日と同じではいけない。過去の成功体験を否定し、前任者を否定し、会社のあり方を否定する。変化するビジネスシーンにおいて、変わり続けない限り継続はできない。それはつまり、常識、慣習を覆し、イノベーションを継続して行うことに他ならない。それができる人材こそ経営者であり、その源は「胆力」にある。

布施孝之も、胆力のある経営者といえる。社長就任以来、歴代トップが誰も手を付けようとしなかった、「負けを負けとして認めない」組織風土の抜本改革に挑み、「『顧客本

位』『現場重視』のブレない経営」を追求し、成長を達成していることに表れている。

布施は2015年、社長に就任すると、社員の意識改革に着手。全国の支店、工場など全ての拠点で社員との対話集会を設け、自分の理念やビジョンを繰り返し語り続ける一方、社員の意見に真摯に耳を傾ける。布施が訴えるのは、ビジョン「どこの企業よりもお客様のことを一番考える会社にする」である。

布施改革が本格化したのは、17年。まず、組織改編から着手した。広告戦略を担当するマーケティング部と販促手法を考える営業部を傘下に持つ「マーケティング本部」を新設、マーケティング部と営業部の連携に必要な主導権を営業部に持たせる組織改革を断行した。

さらに、新組織を生かすため、マーケティング部のトップにP&G（プロクター・アンド・ギャンブル）ジャパン出身の山形光晴（現同社常務執行役員）を招聘した。「物事の判断基準をお客様に置くという点で、自分と山形の考えが一致した」と布施は言う。「それまであったマーケティング部門と営業部門の間の壁が取れて、コミュニケーションが飛躍的に良くなりました」

次に布施は、すでに決まっていた「一番搾り」のリニューアル戦略の見直しを行った。同時に新ジャンルのビール「本麒麟」の開発に着手した。

さらに布施は、流通との連携に乗り出す。セブン&アイ・ホールディングスとは一番搾りブランドで共同開発品を手掛け、イオン、ローソン、ファミリーマートのPB商品の委託製造開始を決断。狙いは、流通との関係強化により、売り場でのキリンのNB（ナショナルブランド）商品の優遇率を上げ、売り上げ拡大に繋げることにある。

布施改革が奏功している要因の1つは、布施が売上、利益など数字のことを一切口にせず、理念と社員の意識改革の重要性を愚直に繰り返し訴えていることにある。数字は結果である。そんな胆力を発揮する布施の本気度を社員が固く信じているからである。

胆力はにわかにつけられるものではない。若い時代からその有無が試され続けている。布施も過去、随所で胆力を見せている。例えば――。03年、布施が本社営業部長代理の時。大手酒販会社を通じて飲食店などに卸す業務用改革プロジェクトのリーダーとなる。キリンは、家庭向けの酒販店営業が中核で、業務用への関心は低かった。一方、競争会社は業務用を重視していたため、その違いが業績に出始めていた。布施は、幹部へのプレゼンテーションで、「業務用は採算が悪いとか、そろばん勘定が合わないと言うのは、違う。やる意義はある。要は今のやり方ではダメだ」（「プレジデント」より）と指摘した。当時の営業方針に真っ向から反対したのだ。布施は、確信すれば上司に対してもズバッとものを言うことを常としてきた。

また、大阪支社長の時。着任した年は成果が上がらなかった。布施は年末の会議で、全社員を前に「本当に申し訳ない。今年、大阪支社が振るわなかったのはリーダーである私のミスだった」と頭を下げた。社員たちは叱られるだろうと身構えていただけに、支社長のほうから頭を下げるなど初めてのことで驚いた。このように、布施の胆力を示す出来事は枚挙に暇がない。まさに胆力を地で行く経営者である。

危機感から生まれたイノベーション

成長する企業の経営者に共通するのは、好不況や成果の良し悪しにかかわらず、常に危機感を抱いていることだ。危機感はもちろん目先の業績の良し悪しというような小さなものではない。

先の見えない「カオス（混沌）の時代」の今、根本的な産業構造の大転換にほうり込まれ、答えがないまま次なるビジネススタンダードでは、自社の存在が根本から危うくなる可能性を間近に感じての危機感だ。今期を乗り切るのではなく、5年後、10年後、自社がマーケットから強制退場させられる事態を回避し、存続するためには何が必要か。見つめるのはその1点だ。

布施孝之も同様、社長就任以来、危機感を持ち続けている。

全国9工場の所在地限定「一番搾り」の発売、「47都道府県一番搾り」の発売、マーケティング本部の新設、流通のPB商品の製造開始、新ジャンルビール「本麒麟」発売、「布施塾」発足……。いずれも危機感から生まれたイノベーションと改革である。

布施が危機感を抱くのは、画期的ヒット商品を生み出せないことでも、ビール№1シェアを獲得できないことでもない。「負けを負けとして認めない企業風土」が続いていることに対する危機感である。

キリンはかつてシェア60%を超えるビール業界の盟主だったが、1987年にアサヒビールの「スーパードライ」が登場して以来、シェアは低下し続け、98年にはビールシェアで、01年にはビール系飲料全体で首位の座を失う。その後、キリンの経営陣は、「新キリン宣言」を打ち出し、「お客様本位」「品質本位」という原点に立ち返るメッセージを発信、全社共有化を図った。また、商品開発も積極的に行い、ヒット商品を生み出した。しかし、攻勢に転じるまでには至らず、〝負け戦〟が続いた。

重要なのは、布施が、その真因は「企業風土」にあると看破したことである。大阪支社長時代、社員と個人面接を始めると、「戦略が悪い」「販促金が足りない」などと不平不満ばかり。「他責」がはびこっていた。また、その後就いた小岩井乳業社長の時も、社員が口にしたのは親会社や上司に責任を押し付ける他責だった。キリンは〝大企業病〟特有の症状である「セクショナリズム」「形式主義」「因習主義」が蔓延していると危惧するに至ったゆえんだ。

そもそも布施が、大企業病につながる、会社都合で決める〝殿様商売〟に疑問を抱いたのは神戸支店の新人の時だ。当時の神戸支店長は常に「キリンは長くは続かない。酒販免許は将来自由化され、スーパーの店頭にビールが並ぶ。キリンを支える酒販店による配達は早晩消える」と言っていた。その後、布施は営業現場の随所で、支店長の危機感に共鳴する場面に直面した。殿様商売では立ち行かないことを改めて肌で感じた。

布施は社長就任前のキリンビールマーケティング社長の時、今までの中で何が悪かったのかを冷静に考え抜いた。例えば「顧客本位」。競争会社がキリンに差をつけることができたのは、顧客の要望をうのみにせず、どうすれば本当の意味で顧客のためになるか、それを会社の利益とどうやって両立させるかを全社挙げて追求した結果ではないか。

布施の結論は「初めに風土改革ありき」だった。大企業病がはびこる組織では真の変革はできない。変革らしき形は作れても、魂の入らない変革に過ぎない。そこで布施は、社長に就任すると、風土改革による社員の意識改革⇒組織改革による現場への権限移譲⇒人材活性化といった改革シナリオを描き、実行した。

まず、全社員に、それまで負け戦の中で蔓延していた他責文化を払拭し、「ノーサイドにして再出発しよう」と訴えた。次に営業戦略会議を開催、変革プロジェクトを発足し、組織改革に踏み切る。そんな布施改革の申し子が新「一番搾り」であり、「本麒麟」である。

布施の今後のさらなる成果が注目される。

10

原《はら》 典之《のりゆき》　MS&ADホールディングス社長（三井住友海上社長）

「社会的課題の解決」を使命とする企業文化の継承と人材育成

「社長という人に初めて会いました」社員の一言に衝撃

私は、経営者の責任とは、顔の見える企業のリーダーであることと考える。それも、役員をまとめ、中間管理職を引っ張るだけでなく、現場の1営業員まで含めた社員全体のリーダーでなければならない。

リーダーであるためには、社員一人ひとりに会社のビジョンを伝え、全員がそれを共有できるようにすることである。

社員全員が、会社はどこへ行こうとしているのか、どのような方法で達成しようとしているのか、そのためには自分が何をすればよいのか理解できるようにしなければならない。

経営者の責任は、会社の行先を示し、そこに社員を導くこと、そしてその結果に対して自ら責任を負うことである。

その点、ＭＳ＆ＡＤホールディングスの社長で、三井住友海上社長の原典之はどうか。原は現在、企業ビジョン「世界トップ水準の保険・金融グループの創造」を掲げ、その実現に向け、「環境変化に迅速かつ柔軟に対応できる態勢の構築」を繰り返し全社に伝え続けている。

原は、目指す会社の姿を「サステナビリティ（持続可能性）」「先進性」「グローバル」「社員の活躍」の４つの観点で整理し、それらを体現する会社にしていくと発信する。

例えば、サステナビリティに価値を置く会社。社会に新しい価値を提供し、社会と共に持続的に成長することを目指す。国連のＳＤＧｓ（持続可能な開発目標）の枠組みを

原 典之（はら・のりゆき）　1955年、長野県生まれ。東京大学経済学部卒業後、大正海上火災保険（現三井住友海上火災保険）入社。市場開発部長、自動車保険部長、企業品質管理部長、常務執行役員名古屋企業本部長などを歴任し、2016年に取締役社長執行役員に就任。2020年よりMS&ADインシュアランスグループホールディングスの取締役社長執行役員グループCEOを兼務。

活用した取り組みを進めることで真の世界企業になる。

また、「先進性」では、デジタル技術を活用し、商品力、マーケティング力、損害サポート力で先進性を持つ会社になる——といった具合だ。

原が言う。

「私が、社員との対話会で必ず話すのは、4つの観点を道しるべにしようということです。例えば、SDGsの『気候変動の対策』はわれわれの活動とどう結びつくのか。それを紐づけてあげないと現場は理解しづらい。そこで私は、日本では自然災害が多発している。災害が起こった時、適切にかつ迅速に保険金をお支払いする。また、水災補償がついていない火災保険の被保険者の方には水災補償付きの保険を提案する。こうした活動が気候変動の対策となる。そう説明すると理解が進みます」

原がビジョンを示すことの意味は、まさに社員に向けて自らの変革への理念、戦略を自らの言葉で分かりやすい形で伝えることにある。

事実、原は18年、このビジョンを示して以来、全店部支店長会議を年2回開催、その都度全国19地域本部を回り、部支店長以下全ての社員と対話を行い、ビジョンや想いを自分の言葉で語る「伝道」を続けている。

そのほか、年6回、社内報とそのデジタル版でメッセージを発信している。

ビジョンの他に、原が伝えるテーマは、会社創りの原動力となる社員の5つの行動基準

――「お客様第一」「誠実」「チームワーク」「革新」「プロフェッショナリズム」である。重要なのは、原は「伝道」を現場の社員のモチベーションを高めることを念頭に置いているということである。社長が現場を訪ねると、現場の士気は高まる――。

そう原が確信したのは、社長に就任して間もない16年、北陸本部を訪ね、社員と懇親会を行った際、出席していたある保険金支払いセンターの女性社員から「私は社長という人に初めて会いました」と言われた時だ。その一言に、原は衝撃を感じた。経営者と社員が価値観、ベクトルを一致させることの重要性を再認識したのである。

さらに、原は海外拠点についても、中国、ベトナム、タイなど各地に自ら出かけ、現地の幹部や社員と対話を続ける努力を行っている。例えば18年、ブラジルの現地法人を訪ねると、社員は日本本社の社長が自分たちの仕事ぶりを見、話を聞いてくれたと喜んだ。原が「ビジネス環境は厳しいが、一緒に頑張ろう」と励ますと、社員のモチベーションは一層上がった。

このように原は、国内外の事業拠点を回り、会社を目指す姿に一歩でも近づけようと、伝道に力を注ぐのである。

「肉牛」「ドラレコ型」「1日」保険…社会的問題解決に貢献

すでに世の中は「創造と変革の時代」に入っている。グローバル化、Ｍ＆Ａの洗礼。Ｇ

AFA（グーグル、アップル、フェイスブック、アマゾン）に代表されるネット経済の急速な進展、人材の流動化、環境問題の深刻化、CSR（企業の社会的責任）への注目の高まり。時代が変わり、スピードがアップした今、多くの企業がビジネスモデルの変更を迫られている。

そんな中、企業が持続的成長を遂げるためには、イノベーション（事業革新）が必要である。イノベーションなき成長はあり得ない。「保守したくば改革せよ」という言葉があるが、存続するためには、改革し続けなければならないのである。

その点、原典之も同様、事業革新を追求している。2016年、社長就任以来、次々と提供する業界初の新商品・サービスをみれば頷ける——。17年、事故が発生していない日常生活でも役立つ家庭用火災保険、18年、中堅・中小企業向けサイバー保険、1日から加入できるオンデマンド型保険、19年、専用ドライブレコーダーを利用したドラレコ型自動車保険……。いずれの商品も開発コンセプトは社会的課題解決への貢献にある。

例えば、少子高齢化問題。独り暮らしの高齢者の増加に対応し、賃貸住宅内での死亡事故の清掃費・改装などの費用を補償する家主向け保険。認知症高齢者のトラブルが増えており、親族の賠償責任が発生した場合、補償する保険。車を持たない若者が増える中、友人や実家の車を運転する際に、24時間単位で加入できる自動車保険——といった具合である。

興味深いのは、同社と原は地域の課題解決に貢献する商品も開発していることである。例えば、北海道支店では肉牛の傷害保険を生み出した。肉牛は足を怪我をすると、体重を支えられなくなり、死亡するケースが多い。そこで同支店は、肉牛の死亡リスクに対する保険創りの研究に着手、肉牛の傷害死亡に関するデータを収集し、オーダーメード的商品を誕生させた。

また、北海道の市民病院はどこも経営が苦しい。しかし、高額な医療機器を導入しなければ、質の高い医療が実現できない。そこで高額機器の導入を図るが、問題は機器の保守コストがかかることだ。北海道支店では、そうした課題解決に取り組んだ結果、医療コンサルティング会社との提携により、高額医療機器の保守コストを保険化したのである。

まさに、原の唱えるビジョン「社会に価値を提供し、社会と共に持続的に成長する」の実現へ向けての革新である。

原のイノベーションへの熱意は、社長就任すると直ちに、商品本部内に従来の領域に囚われない商品の研究を進める「次世代開発推進チーム」を、経営企画部内に「ＩＣＴ戦略チーム」（現・デジタル戦略部）を設置するなど、イノベーションを行う環境作りに着手したことからも頷ける。

また、原は大学との産学連携やＩＴ企業などとの業務提携によるイノベーションにも積極的に取り組む。例えば、全世界での貿易保険の販売では「日本貿易保険」と業務提携を締結、また保険金不正請求検知ソリューションの運用では仏ベンチャー企業「シフトテクノロジー社」と協業を行う。さらにＡＩがドライブレコーダーの映像から事故状況を自動で説明するシステムではイスラエルの「ネクサー社」と提携するといった具合である。

では、原の革新マインドはいつ培われてきたか。それは自動車産業を直接担当した時である。原は１９９８年から5年間、ある自動車メーカーを担当。その後、06年から２年間、自動車保険部長、さらに10年から2年間、名古屋企業本部長を歴任し、加速度的速さで技術革新を遂げる自動車産業をつぶさに見、顧客起点に立った変化に対応する自動車保険の必要性を強く感じてきたのである。

原の、社会課題解決に貢献するイノベーションの追求が続く。

「２・２支社」「不払い問題」で危機に対応

会社はトップがいなければ動かないが、トップ一人だけでも動かない。トップ一人の努力だけでは、成長の達成はおろか、改革などできない。改革は社員一人ひとりが自分の頭で考えて、判断し、実行していく能力を持ち、能動的な仕事をやらない限り、成し遂げられない。

社長の仕事は、私の言う「№２」に自らの夢やビジョンを語り、旗印を掲げ、それへ向けて会社全体が動くように仕向けることである。「№２」とは役職やポジションの２番目ではない。企業を変え、成長させる主役である。№２については拙著『続く会社、続かない会社は№２で決まる』（講談社＋α新書）に詳しい。

原典之も、№２的な役割を任されてきた。

原は１９７８年、東京大学経済学部を卒業後、大正海上火災（旧三井海上火災）に入社。東京営業第１部を振り出しに、人事部人事課長代理、市場開発推進部企業市場課長、市場開発部長、自動車保険部長、執行役員企業品質管理部長、常務執行役員名古屋企業本部長などを歴任。随所で〝№２的役割〟を託されてきた。

原の№２としての特徴は、仕事の本質は何か、自分の役割は何かという「Ｗｈａｔ」に対する答えを追求してきた点である。「この会社の存在意義は何か」という本質論抜きに「Ｈｏｗ Ｔｏ」を議論したところで意味がないと考えてきた。もう１つは、ものごとを考える際、まず全体を俯瞰して課題を整理、その上で方針を決めてきたことである。

最初に原が№２的役割を任されたのは１９８９年、人事課長代理の時だ。社員のモチベーションの低下が人事政策の課題として取り上げられ、その対策を任された。

原が社員に聞き取り調査すると、当時多店舗展開していた総合職２人、一般職２人から成る「２・２支社」と呼ばれる小規模支社のマネジメントに起因していたことがわかった。支社には、支社長と年の離れた若い担当者がいるが、２人だけでは年齢差などから適切な指導が難しい。その結果、人材育成が進まず、社員のモチベーションは下がるという問題である。

課題の解決を任された原は、採用者数を増やし、人的余裕を持たせ、社内留学制度を含めたキャリアパス制度（異動・昇進ルート）を提案、採用された。

次は、94年から2年半、市場開発推進部企業市場課長を務めた時である。原は企業マーケットの営業推進を任された。業界では同社は企業マーケットに強いと言われていたが、市場調査すると被用者保険や賠償責任保険の市場シェアは落ちていた。要因は企業開拓力の低下にあった。

原は、企業開拓のノウハウとは何か、ノウハウ蓄積のためにはどうすべきかを考え抜いた。また、最も成績優秀な営業員にインタビューもした。その結果、営業員評価の基準や仕組みを改変し企業開拓力の強化を図った。その際、テーマごとに部長の出席を要請し、論議を続けてまとめ上げた。市場開発推進部のNo.2的役割を果たしたのである。

原がさらなるNo.2シップを発揮したのは、２００６年から約2年間務めた自動車保険部長の折だ。大阪企業本部に赴任するが、わずか4ヶ月で呼び戻されて自動車保険部長に抜擢される。同社が06年に不払い問題で業務停止処分を受け、存亡の危機に瀕した時である。

当時同社は、医療保険で医師の診断を経ずに、保険金の不払いを決めたり、自動車保険に付随する特約での支払い漏れなどの事例が多数にのぼった。当局の検査を担当していた取締役常務執行役員の柄澤康喜（現会長）は、原因は商品の複雑さにあると考えた。

そこで原は、商品構造を簡素化し、わかりやすくする。次に代理店が説明責任を果たせるような販売網を構築することが必要と考え、商品づくりを行った。やがて原の商品改革は成果を上げていった。

その後、原は、常務執行役員名古屋企業本部長、取締役常務執行役員、取締役専務執行役員などを歴任し、全社のNo.２として社長となった柄澤を支えていくのである。

「世界No.1」ブランドを具現化する道とは

私は拙著『「使命感」が人を動かす』（集英社インターナショナル）で、持続的に成長している企業の経営者は必ず、強い使命感を持ち、それに支えられた情熱を持っていると書いた。

では、使命感はどこから生まれるのか。オーナー経営者の場合、意思検定の責任所在が自分にあることから生まれる。一方、サラリーマン経営者の場合、使命感は「世の中、社会のため」という企業文化から生じると考える。

原典之も、創業以来の企業文化「世のため、人のため」を継承するという使命感を持っている。

「事業を通じて、安心・安全を提供することで、活力ある社会の発展と地球の健やかな未来を実現」という理念を訴え、「社会的課題解決は絶対的な使命」と不断の努力を続けているのも、「世界トップ水準の保険・金融グループの創造」というビジョンを掲げ、その実現に向けて邁進するのも、使命感からである。

原の持つ企業観は、「利益を上げることを通じて社会に貢献することを目的とする組織」である。利益は目的ではなく、社会貢献の手段として考える。つまり、社会に価値を生み出せば、利益はついてくる。その利益をさらに社会的価値に繋げるというサイクルを循環させることで持続的発展の実現を目指す。

では、どうやって「世界No.1」ブランドを具現化しようとしているか。目指す会社の姿として「サステナビリティ（持続可能性）」、「先進性」、「グローバル」「社員の活躍」の4点を挙げている。

重要なのは、同社の〝強み〟を圧倒的なものとする〝強みの拡大再生産スパイラル〟を考えている点である。

その1つは、経営統合したあいおいニッセイ同和損保（AD）とのシナジー効果の発揮にある。両社の持つ強みを発揮させることを目的にした「機能別再編」の推進により、同社はグローバルな保険・金融サービスを展開し、ADは地域密着営業を展開する。いわば得意分野の棲み分けである。原が語る。

「統合で目指すのは、成長と効率化の同時実現です」

現在、同社はＡＤと、「ドラレコ型自動車保険」「保険料スマホ決済サービス」など商品の共同開発を行い、また損害サービスシステムの統一化を推進し、成長と効率化の二兎を追う。共同開発によりコスト負担を軽減し、システム統一化により、メンテナンス費用を効率化する。

もう１つは、英大手損保アムリン、シンガポールの大手損保ファーストキャピタルの買収により、グローバルな規模拡大を図り、特にアジアでは、№１の保険・金融グループになっていることだ。

原は、強みを拡大再生産するには、〝競争力の源泉〟となる人材育成が鍵を握ると考え、その環境づくりに腐心する。

例えば、社員の能力開発施策。社員一人ひとりが3年〜5年後の「なりたい自分」を具体化し、キャリアビジョンを描けるよう、人財育成ポータルサイトなどツールを提供。また、社内外ネットワークを広げ、キャリアビジョンの実現に必要な知識・スキルの習得や、プロフェッショナルに向けて、自ら考え行動・挑戦する社員のステップアップを後押ししている。

面白いのは、社員が社内ＴＶで「こういうことを勉強している」と宣言していることである。すでに41名が出演している。

そうした人材育成の舞台づくりを行うと同時に、原が繰り返し伝えるのは、ＯＪＴの重要性である。部下を育てるには「任せることが大事」と明言する。社員のモチベーションが上がるのは、自分は会社に認められている、会社で役立っていると感じ取った時であるからだ。

原の確信は、過去、随所で任されてきた自らの体験に基づく。

「私は生意気に会社の方針についていろいろなことを言ってきました。それでも上司、先輩たちは若造の議論に答えてくれました。育てようとしてくれていたんだと感謝していますす」と原は言う。

「世のため、人のため」という企業文化の継承は、原の人材育成への環境作りにかかっていると言えよう。

11

塩澤《しおざわ》賢一《けんいち》　アサヒビール社長

目標共有で一丸となる「まとまるパワー」の体現者

「チーム制」「支社長賞」…自立型人材の育成

私は長年、アサヒビールがビール業界の盟主キリンビールに挑み、互角に戦える企業に成長し、ビール王者になるまでの過程をつぶさにウォッチしてきた。

印象的なのは、発売する商品が売れず、市場シェアが低下するという難局に直面する都度、全社一丸となって乗り越え、成長へ向けて再び突き進むというアサヒの「まとまるパワー」である。

その源泉は、「人を大切にする企業文化」に加え、「キリンに勝つ」という目標を全社員が一丸となって達成しようとする「企業風土」にあった。

重要なのは、末端の社員まで「目標」を共有させ、自分の頭で考え、課題を見つけ、解決していく組織風土を醸成してきたことである。その点にこそ、飛躍の秘訣があったと私は考える。

塩澤賢一は、そんな企業風土の体現者である。

塩澤は、アサヒが２００１年、ビール類（ビール、発泡酒）でキリンを抜き、長年の悲願を達成しても、浮かれてはいなかった。

「『スーパードライ』のさらなる拡大を追求する」。営業畑を歩み、「スーパードライ」発売（１９８７年）以前のどん底を体験し、アサヒは潰れるかもしれないという危機感を植え付けられてきた塩澤ならではの信念である。

塩澤賢一（しおざわ・けんいち）　1958年、東京都生まれ。慶應義塾大学商学部卒業後、1981年にアサヒビールに入社。東京や大阪を中心に営業現場を歩み、執行役員営業戦略部長として同社の課題解決営業の礎を築く。同社の取締役経営企画本部長、常務取締役営業本部長を経て、2017年にアサヒグループ食品社の取締役副社長に就任。食品企業の経営を経験し、2019年より代表取締役社長に就任。

現在も、「ビールの持つ新しい魅力を発信し、若者をはじめ新しい顧客を創出するには、社員一人ひとりが自分の頭で考え、責任を持って行動することがますます重要だ」と気を引き締める。

1981年、慶應義塾大学商学部を卒業後、入社した塩澤は、京都支店を振り出しに、関東支店、大阪支社市場開発部課長、東京支社東京南支店長、東京支社東京中央支店長、大阪支社長、営業戦略部長、取締役兼執行役員経営企画本部長、常務取締役兼常務執行役員営業本部長などを歴任する。

塩澤の特徴は、前例に囚われない新しいやり方で、課題を発見し、解決策を考え抜き、施策を成就させてきたことだ。

スーパードライ以前の京都支店や関東支店時代に、塩澤は先輩たちに顧客の開拓方法や情報の取り方など営業知識を学び、そこから自分で創意工夫し、行動するやり方を身につけた。

塩澤はスーパードライ後も、そのやり方を貫いている。その代表例の1つは、98年から2年間務めた東京南支店長時代に実施した「チーム制」の導入である。

リーダー1人と若手2人の3人1組のチームを3つ作り、チームごとに目標を達成する仕組みを作った。その目的は、情報の共有化と営業の進捗状況の見える化である。毎週1回のリーダーミーティングで、課題を共有し、解決策を考える。リーダーが成長すると、若手も育ち、チームが活性化し、業績が上がるという好循環が生まれた。

こうして塩澤は、社員が目標を共有し、自分で考え行動する〝支店風土〟作りに挑戦した。その結果、支店の業績は上がった。

もう1つは、2006年から2年間、大阪支社長時代に力を注いだ「組織活性化」である。当時、全社的に経費削減を余儀なくされていたため、大阪支社も沈滞ムードが漂っていた。

そこで塩澤は、「支社長賞」を創設し、ほめる文化の構築を図った。賞は月1回、「飲食店が扱うビールをアサヒに切り換えさせた」など良い活動に対して授与した。褒賞品は3000円程のボールペンだが、目に見える形で、努力したと実感できる。いかに小さな成果であっても、自発的に考え、行動する人を素朴に力づけていくことが大事だと塩澤は考えた。

塩澤が本領を発揮したのは、09年、営業戦略部長の時、それまでの説明営業、提案営業から、顧客（量販店、飲食店）の課題を発見し、解決を行う「課題解決型営業」への営業改革に着手したことである。

その発想の原点は、顧客とより深い関係を構築しなければ競争優位に立てないという危機感である。課題解決型営業は、問題点を洗い出し、原因を把握することによって「課題」を取引先と一緒に抽出するというものだ。

塩澤は当時から、「アサヒの課題」は〝自律型人材〟の育成と考え、その解決策を顧客との関係をより深める、この営業手法に求めていたのである。

顧客に寄り添う「課題解決型営業」を提唱

私は、拙著『続く会社、続かない会社は№2で決まる』（講談社＋α新書）で会社が生き延びていくには、その体質を、目まぐるしく変わる社会の変化に対応できるものへと変えていくことだと書いた。

社会というのは、いわば〝変化の海〟のようなもの。変化に対応できる浮力のある会社のみが生き残る。浮力のない会社は深い海の底へ沈んでいく。社会の変化に対応し、自ら変わりうる会社だけが存続する。

では、会社を変えるのは誰か。そこで働き、会社に新しい価値を生み出す社員にほかならない。社員こそが、主役となって会社を動かし、変えるのである。では、どうすれば、社員が主役となって会社を動かすことができるのか。

モチベーションの高い社員、やる気のある社員が全社員の心に火をつける。社員のモチベーションを上げ、社員を鼓舞するのが、トップの参謀であり、トップと社員を繋ぐ複数の「№2」である。

塩澤賢一もまた、№2の役割を果たしてきた。

その特徴は随所で、自分の頭で考え、自分の責任で行動する社員の育成と組織の活性化を図ってきた点である。

塩澤自身も若い頃から、自分の頭で考え、行動する社員だった。例えば、1988年、関東支店営業課に所属していた時のこと。品不足のスーパードライを問屋に卸す際、有力な酒販店に商品を回してもらうよう問屋に働きかけた。その問屋には関東支店から歩留まり対策で余った商品をかき集め、届けた。その結果、有力酒販店は商品が潤沢になってからも、塩澤に恩義を感じて一生懸命売ってくれた。

塩澤が№2的役割を果たすのは2008年、東京南支店長の時だ。塩澤は、社員が個々に営業活動を行うやり方から、3人1組のチームを作り、チームごとに目標を達成する「チーム制」に転換した。リーダーたちは週1回会議を行い、目標達成の進捗状況を共有し、情報、アイデアを出し合った。リーダーが成長すると、チームが活性化し、業績が上がるという好循環が生まれた。支店の業績は高まり、塩澤は東京支社№2の役割を果たした。

さらに、大阪支社長の時には、人と組織の活性化を目的に、毎月全社員を集めて自分のビジョンや想いを繰り返し伝える全体会議を開催した。また、「支社長賞」を創設し、「褒める文化」の構築を図った。自分の頭で考え、行動する社員を褒め、激励したのである。そうした結果、支社の業績は上がり、塩澤は近畿圏統括本部の№2となった。

塩澤が№2シップをいかんなく発揮するのは、08年から5年間就いた営業戦略部長の時である。

当時、ビール市場は縮小し続けると同時に、ビールが停滞、発泡酒と新ジャンルが成長するという質的な変化が起きていた。

危機感を持った塩澤が着目したのは、顧客（量販店、飲食店）との深い関係づくりだった。他社と差別化し、競争優位に立つには、顧客に寄り添い、顧客と一緒に課題を解決する営業に切り替えなければならないと考えた。そのために、塩澤は、従来の商品を見せるだけの「説明営業」、一方的に提案する「提案営業」から、顧客の課題を発見し、課題の解決を行う「課題解決型営業」を唱えた。全国の地区統括本部を回り、各本部から推薦された精鋭の営業担当者を対象にした研修を開始した。

塩澤が語る。

「どうしたら顧客の課題を引き出せるか。それがポイントです。課題さえわかれば、手を打つことはできる。売り上げが悪いというのは現象でしかない。ビールの何が悪いのか。売り場はどうなっているか、品揃えはどうか、を突き詰め、『ここに問題があるのではないですか』というところまで掘り下げないといけない。問題になっている部分を解決するのが、この営業の狙いです」

塩澤の唱えた課題解決型営業は現在、アサヒビールの営業の基本的考え方となり、現場に浸透し、日々の活動で実践されている。

その後、塩澤は、取締役執行役員経営企画本部長、常務取締役常務執行役員営業本部長を歴任し、No.2として経営トップを支えるのである。

顧客視点、あるべき上司像を学び「新価値創造」を追求

サラリーマンが大企業のトップに上り詰める確率は天文学的な確率である。では、どのような人がトップになっているか。私は、拙著『幸運思考』（講談社）で書いた。

――人は誰しも同じような体験をして、同じような経験をする。それに対して「運が良かった」と思えるような人が成功している。そして、失敗した時、その原因を他人のせいにしたり、タイミングや環境のせいにしたりせず、全て反省の機会に置き換えられる人が成功している。

塩澤賢一も、「自分は運に恵まれている」と言い切る。慶應義塾大学商学部卒業後、希望するビール会社に就職できたことに始まり、関東支店、東京中央支店長、大阪支社長、営業戦略部長、営業本部長、アサヒグループ（AG）食品副社長を歴任し、アサヒビールの経営を任されたことに至るまで、ずっと運が良かった。各部署で地道に仕事をこなす一社員に過ぎなかった自分がここまでやってこられたのは、上司や仲間たちのおかげと考えている。

その原体験は、入社5年目から4年間携わった関東支店営業課の時にある。担当は栃木県。先輩たちに教わったのは顧客（問屋、酒販店）に可愛がられることだった。そのためには、手紙を書くこと、酒販店の自販機を磨くこと、人の繋がりを大切にすること……。

塩沢は、教えを忠実に実践した。

さらに、塩澤が学んだのは、上司の在り方だった。当時、課員が全員顔を揃えるのは毎週月曜日の朝だけだ。午後になると、栃木県、群馬県など担当地域に飛び、4泊5日ホテルに宿泊して営業する。課員は皆、出張営業で孤独だった。塩澤も、得意先にクレームを付けられるなど苦悩の日々を過ごすことが多かった。

そんな彼らを励ましたのが、直属の上司である営業課長の荻田伍（元アサヒグループホールディングス会長兼CEO）である。管轄内を回り、各地で夜を過ごしていた荻田は、毎朝6時、ホテルの公衆電話の前に立ち、部下たちの宿泊先に電話を入れる。「おい、元気か」。その電話の一言で、孤独感に苛まれ、苦悩していた部下たちは救われた。部下に1日を気持ちよく始めてもらいたい――。この荻田の熱き想いと行動が部下のモチベーションを上げたのだ。塩澤は、上司のあるべき姿を胸に刻んだ。

塩澤が「会う人、全て勉強」と思える「幸運思考」の持ち主である証が、もう1人の上司、長尾俊彦（故人、元アサヒビール常務取締役営業統括本部長）から「志」を持つことの大切さを学び、「スーパードライを世界一番のブランドにする」という志を立てている点である。

塩澤が長尾と出会ったのは、大阪支社市場開発課長の時だ。上司である市場開発部長の長尾に多くのことを学んだ。

まず、上司は度量が広くなくてはならないこと。長尾は部下に考えさせ、任せる〝親分肌の上司〟だった。

また、全ては顧客視点でものごとを考えること。例えば飲食店への提案。空いている物件に繁盛する飲食店の模擬出店を提案させる。店は何人で回せるのか、いくら売り上げれば利益が出るのか。経営に関することまで詰めさせた。飲食店へ冷蔵庫・サーバー・看板を提供するだけの「御用聞き営業」から「提案営業」へ転換する契機となった。

特に、塩澤が心に響いたのは「顧客と深い関係にならないと競争優位に立てない」という長尾の言葉だった。後に完成させた「課題解決型営業」の基本的考えを植え付けられたのである。

塩澤は2017年、AG食品副社長に就任させられた時でも、自分自身を鍛える良い機会だと考えた。塩澤も食品に出され、一旦は落胆した。しかし、AG食品での新たな経験も学習であり、試練だと思い直した。それだけに塩澤は、AG食品に骨を埋める覚悟で、食品事業の勉強に全力投球した。

食品業界ではヒット商品が出ても、競合他社は後追いしない。商品の種類・品目が多岐にわたり、市場規模が小さいため、後発商品を出すよりも違う種類の商品を出したほうが得策であるからだ。

塩澤は、ビール業界も、顧客に新しい価値を提供する商品を生み出すことに注力すべきだと確信した。

塩澤は「幸運思考」で、新価値創造を追求し続ける。

「会議改革・組織変革」で社員の意識変革を促し脱・大企業病

一般的に、組織というのは、作られたときが最も効率よく機能する。ところが、時間が経って実績ができ、大きくなれば、どんな組織も必ず私の言う「機能不全病」（＝大企業病）にかかる。いわゆる「マンネリ化」である。それが続くと、組織は弱体化し、やがては壊疽《えそ》になり、死に向かっていく。

要因としては、便宜上作られた制度そのものが主役となってしまう「過度の制度化」、本社の求心力が強すぎて現場が委縮してしまう「過剰なマネジメント」、「意見はあっても意思はなし」の評論家や体裁ばかりの「形式主義」の蔓延などが挙げられる。

また、症状としてはヒラメ社員の登場、自己保身に走る社員の増加、イエスマンの跋《ばっ》扈《こ》、セクショナリズムや前例主義の横行などがある。

では、アサヒビールはどうか。「ビール首位」になってから20年以上が経ち、スーパードライ発売（１９８７年）以前を経験している社員も１００人を切った。

塩澤賢一は、「アサヒは大企業病に侵されている」と危機感を抱いている。

「人間はマンネリ化する。今まで通りのやり方でいいと思い始めた時が一番危ない」

大企業病を防ぐには社員の意識改革が不可欠だ。それにはまず、各部門の責任者の意識改革から始めなければならない。

塩澤が社長就任直後、「会議改革」を行ったのは、そのためである。本社で一堂に会して行っていた「統括本部長会議」を各地区統括本部毎に、本社と1対1で行うテレビ会議システムに変革した。本社は方針を一方的に伝えるのではなく、地区本部長のビジョンとそれを実現すべく顧客起点の考えを聞き出し、各地区本部独自の課題を顕在化させる。地区本部長に求められるのは「自分で考え、行動する」部下の育成と、目標達成に向けて部隊を一つにまとめ、率先垂範して突き進む覚悟である。

当然、塩澤は社員の意識改革にも腐心する。社長就任後57日間出張し、7地区本部、5支社、1工場、研究所などを回り、現場の声を聞いている。意見収集活動は2人の専務執行役員にも担わせるなど、経営全体の課題として取り組んでいる。

さらに注目すべきは、2019年9月、塩澤が行った組織変革は、社員の意識改革を促進するためであるという点だ。本社スタッフを30人減らし、事業所の社員を20人増やす組織変革を実施し、現場力の強化に乗り出す。

同時に、マーケティング担当など本社スタッフと現場の営業担当者を入れ替える相互人事異動を実施、個々に培ってきた知見やノウハウを効率的に推進することにした。

狙いは、お客の価値観や購買動機などに対応した商品を提供することにある。顧客起点に徹するという意識改革を目指した組織変革だ。

組織は1時間もあれば変えられる。しかし、性格や意識というのは、一朝一夕では変えられない。塩澤が口を酸っぱくして言うのは2つ。1つは、「いつもいいことアサヒから」。これはスーパードライ発売以前の80年代に使用していた言葉だ。アサヒは日本初のアルミ缶入りビールやアルミ製ミニ樽を発売するなど、いつも業界に先駆けて新しい商品・サービスを開発していた。今後もパイオニア精神を発揮して新しいことに挑戦し、それをアサヒから発信することでお客や社会に感動を提供する。

もう1つは、「自ら考え、行動する」。過去、アサヒは各地の営業現場の事情を把握し、対応してこなかった。

塩澤は言う。

「成長時代は言われたことを忠実に行うことで成果を上げることができた。しかし、変化の激しい時代、それでは成果を上げられない。自ら自発的に課題意識を持って取り組むことで成果を上げ、人は成長する。今後は、言われたことだけを行う仕事はＡＩやロボットが担う。社員はお客様が感動するような、付加価値を生む仕事をしていかなければなりません」

塩澤は、社員の意識改革を進め、現場の営業力の一層の強化を図るのである。

ビール離れの若者へ新スタイル提案

私は拙著『「使命感」が人を動かす』（集英社インターナショナル）で、近年、優秀な経営者の中に「傍流組」の出身者が増えていると書いた。会社の主流を歩み、出世をしてきた人より、周辺部署や子会社で苦労してきた人の方が改革を成功させているケースが多い。

しがらみがないため、思い切った決断ができるという面があることに加え、外から客観的に会社を眺めることができ、改革しなければならない不合理な点をよく見出せるからである。

その点、塩澤賢一は、「傍流組」ではないにもかかわらず、客観的に物事を眺める目を持つ。

塩澤は1981年、入社以来、営業・経営企画に携わるが、歴代の社長とは経営手法も個性も異なる。例えば、「スーパードライ」旋風を巻き起こし、ビール業界首位を奪回した瀬戸雄三（元アサヒビール会長）は、21年ぶりのアサヒ生え抜き社長として攻めの経営に打って出て、成長発展の礎を築いた。池田弘一（元アサヒグループホールディングス会長）はアジア大洋州への進出を決断、国際化への道を切り拓く。荻田伍（元アサヒグループホールディングス会長兼CEO）は、商品開発部門を刷新、新ジャンル新商品を続々と投入し、ビール類を拡充した。

いずれも個性豊かで、華やかな社長だった。

これら前任者と比較すると、塩澤は控え目で、堅実・実務タイプの社長である。しかし、その反面、内なる意志の強さは社長就任直後からの言行一致を見れば明らかである。塩澤は2019年3月、社長に就任すると、「われわれの利益の源泉であるビールを圧倒的に強くする。将来的にはシェアを現在の50%弱から60%強くらいまで高めていく」と宣言した。

その言葉通り、様々な施策を実行している。例えば、ビール衰退の原因は若者のビール離れにあると分析。若年層の需要を掘り起こそうと、19年春からスポーツバーやクラブなど飲食店向けに「スーパードライ ザ・クール」を売り出した。瓶から直接飲む新スタイルを提案すると同時に、味も若者向けに苦味や渋みを抑え、飲みやすくした。早期に1万店での取り扱いを目指す。また、19年9月、「デジタルマーケティング部」を新設、若者を対象としたネット広告に取り組む。塩澤が言う。

「若者は、『ビール嫌い』なのではなく、『ビールの世界に入ってきていないだけ』と捉えています。若い人はビールを飲む機会が少なくなっている。ならば、そういう機会を設けることを提案しなければなりません。その1つの武器が『ザ・クール』という商品です」

ここで特筆すべきは、「若者のビール離れ」を客観的に眺め、原因を分析する塩澤の〝傍流組視点〟である。

もともと塩澤は、若い頃から問題意識を持ち、仕事の本質は何か、自分の役割は何かという「Ｗｈａｔ」に対する答えを追求してきた。そして本質論抜きに、「Ｈｏｗ Ｔｏ」を議論したところで意味がないと考えてきた。

関東支店営業課員時代、栃木県内の顧客開拓で業績を上げたのも、吾妻橋支店営業課員時代、浅草・雷門周辺の飲食店を全部アサヒの店に切り替えさせたのも、さらに東京北支店長のとき、経験の少ない家庭用市場を担当し、販売拡大してきたのも、常に問題意識を持って仕事に挑んできたからである。

そんな塩澤がビール業界を客観的に眺め、不合理な点を見つけられたのは、17年、アサヒグループ（ＡＧ）食品の副社長に就任した時である。そこでの2年間の〝傍流経験〟が社長に就いた現在生きている。

ビール業界に不合理性を感じたのは、競争会社だけを見ながら商品を開発する売上優先の姿勢だった。収益性をしっかり吟味せずに、儲からない商品でも売っている。その点、食品業界は、他社の商品がヒットしても、後追いせず、別のジャンルで商品を開発し、ヒットさせることに注力する。つまり、利益優先主義で商品作りを行っているのである。

塩澤は「競合他社を意識したビール業界の戦いは消耗戦になるだけだ」と自戒を込めて言う。

塩澤が目指すのは、顧客に新価値をもたらす商品・サービスの提供である。傍流組視点で眺めたビールメーカーのあるべき姿である。

「世界一愛されるスーパードライ」へ〝種まき〟の日々

私は、経営者の至上課題は持続的な成長だと考える。それも中長期的な周期での成長であり、短期的なマイナス成長時は問題にはならない。

ところが、多くの経営者は、短期的であっても利益を上げることで頭がいっぱいである。トップの使命は利益を上げ、株価を高め、企業価値を増大させることのみとされ、収益だけがトップの評価基準になっているからだ。

そのため、つい近視眼的な経営に陥る。今期の売り上げ、利益、ＲＯＡ（総資産利益率）などの数字が気になって仕方がない。数字が悪ければ、方針がブレる。今ほどトップに、ゴーイングコンサーン（企業が将来にわたって事業を継承することを前提とする考え方）をやり抜く〝胆力〟が求められる時はない。

その点、塩澤賢一は、長期ビジョン「お客様の最高の満足のためにお酒ならではの価値と魅力を創造し続ける」の実現に向けて、エンジンをフル回転させている。

その結果、ビジョンは社内に浸透しつつあり、各職場では心構えや行動を表した「お客様満足の追求」「安全で働きやすい職場づくり」「持続可能な会社への貢献」など、10項目から成るグループ「行動指針」に基づく意識改革が確認されている。

塩澤が埋め込みつつあるのは、理念やビジョンだけではない。部署ごとにPDCAを回せる「組織風土」や新しいことに挑戦する「企業文化」をも埋め込もうとしている。

振り返ると、アサヒビールの歴代社長は皆、自らの使命を追求してきた。瀬戸雄三はビールの鮮度を追求する「フレッシュマネジメント」を全社活動として取り組み、池田弘一は聖域なき「構造改革」を断行。荻田伍は「総合酒類化」への布石を打ち、泉谷直木は「国際化」を具現化した。

では、塩澤は次の世代に何を残そうとしているか。腐心しているのは、次世代に向けての〝土壌〟改良であり、〝種まき〟だ。そのために必要なのは、「パイオニア精神の発揮」と「イノベーションの実現」である。

新しいマーケットを創出する事業革新から個々の革新的な商品やサービス提案に至るまで、常に新価値を創造すべく革新を行う〝パイオニア〟でなければならない。

その精神の発揮は、小瓶の「スーパードライ ザ・クール」の開発、「ザ・クール」を売るバーやスポーツクラブなどの取扱店の拡大、また製造後翌日に出荷する「スーパードライ鮮度実感パック」の発売、氷点下のスーパードライ「エクストラコールド」の新型専用タップの開発などに表れている。これらの発想の原点が、「顧客満足度」の向上にあるのは言うまでもない。

塩澤は、販売拡大の施策という〝種まき〟にも、心を砕いている。

その施策の1つは、「課題解決型」営業の促進である。顧客（量販店、飲食店）と一緒に課題を解決し、顧客とより深い関係を構築することにより、競争他社の優位に立ち、販売を拡大し続ける。この営業手法は、塩澤が営業戦略部長の２００８年に発案し、各地域本部より選抜された営業マネージャーと、営業担当者対象の「課題解決研修」として開始し、それ以来現在なお継承されている。これを進化させることで、強固な〝販売拡大装置〟化していく。

塩澤が将来への〝種まき〟にこだわるのは、基幹商品「スーパードライ」を世界で一番愛されるブランドにしたいと熱望しているからである。

アサヒビールは国内事業のみを担当するが、世界の「スーパードライ」のマザーマーケット、マザー工場は日本にある。日本での生産・販売事業が世界のビジネスモデルとなっているだけに、辛口・鮮度・冷涼感の３つの価値を訴求し続け、ビールの楽しさを伝える活動を通して「ザ・ジャパン・ブランド」へと成長させていきたいと考えているのである。

将来の成長へ向けて塩澤の〝種まき〟が続く。

⑫ 中田誠司《なかたせいじ》　大和証券グループ本社社長

新ビジネスを生む言行一致の「帰納法的」経営手法

TOB、公募増資…入社時から常にチャレンジ精神で

私は拙著『使命感が人を動かす』（集英社インターナショナル）で、企業が継続するには昨日と同じではいけないと書いた。過去の自分を否定し、過去の成功体験を否定し、会社のあり方を否定する。変化するビジネスシーンにおいて変わり続けない限り、継続はできない。それは、過去、常識、慣習を覆し、イノベーションを継続して行うことに他ならない。それができる人材こそ真の「経営者」である。

その点、中田誠司は、過去を否定し、新しいことに挑戦し続けている。

2017年4月、社長に就任すると、自ら成長の原動力を創り出すリテール部門の「営

業改革」に着手する。営業目標を本部が決め、支店に下す〝中央集権体制〟から、支店が決める〝分権型〟に転換した。つまり、トップダウンからボトムアップへの意思決定方式の変革である。

さらに中田は、持続的成長を実現するため、ネット銀行、リート（不動産投資信託）、農業・食料関連事業、エネルギー・インフラ関連事業、デジタル通貨といった新規事業と、伝統的証券ビジネスを組み合わせた「ハイブリッド型総合証券グループ」を目指し、聖域なき構造改革を主導している。

こうした中田のチャレンジ精神は、今に始まったことではない。

中田誠司（なかた・せいじ）　1960年、東京都生まれ。1983年、早稲田大学政治経済学部卒業後、大和証券入社。日比谷支店に5年間勤務した後、事業法人部を中心に約15年間法人部門に在籍。取引先企業のファイナンスやM&A等に携わる。エクイティ部長、商品戦略部長、経営企画部長などを経て、2009年大和証券グループ本社取締役、2016年代表執行役副社長、2017年より取締役兼代表執行役社長CEO。

1983年入社以来、主に法人部門を歩んできた中田は、随所で、新しいことに果敢に挑み、改革を成就させてきた。

1つ目は、大和証券初のTOB（株式公開買付け）の実施である。

93年、企業法人第3部課

長の時、かつて担当していたある大手ゴムホースメーカーの「櫻護謨《どむ》」のオーナー社長から、不動産会社に買い占められた株を取り戻したいと相談を受けた。

オーナー社長から経営理念やビジョン、想いを聞き、課題解決の施策を考え抜いた。その結果、中田は一計を案じ、当時日本であまり例がないTOBを実施することに挑んだ。

中田は顧客基点で関係者と話し合い、実施期間や買い取り価格などを決めた。社内にTOBのノウハウがなかったため、届出書提出から資料、パンフレット作製に至るまで全て中田が自ら行った。それによりTOBは成功し、中田は大和のTOBの〝草分け〟となった。

2つ目は、94年11月のDDI（現KDDI）の公募増資である。当時、株式市況はバブル崩壊後で低迷、大型増資の環境としては最悪だった。しかし、中田はあきらめずに、プレゼンテーションを繰り返し行った。

やがて創業者の稲盛和夫は、「相場が悪くても、良い銘柄なら売れることを示そうじゃないか」と増資を決定した。中田の熱意が稲盛を動かしたのである。この公募増資はバブル崩壊後、最大の資金調達となり、発行登録制度（発行会社が有価証券の募集・売り出しを機動的に実施できるようにするための制度）の第1号案件でもあったため、新聞に大きく取り上げられ、中田の名前は業界で知られるようになった。

さらに、中田が常識を覆したのは、上場企業の非幹事証券会社が主幹事の座を奪取したことだ。主幹事の逆転である。

95年前後、中田は、大和証券が非幹事証券会社だった東芝、アサヒビール、ＡＮＡ、三井不動産などを担当した。それらの企業に食い込み、資金調達の案件で、次々と主幹事の座を獲得した。それは大和証券初のことだった。

このほか、日本酸素が発行するユーロ円普通社債１００億円の引き受けでも、非幹事証券会社にもかかわらず、中田は主幹事を獲得する。

また、中田は燃料商社、シナネン（現シナネンホールディングス）が発行した７０００万エキュー（ユーロの前身）建て新株引受権付き社債の引き受けでも、主幹事の座を射止めた。エキュー債の主幹事は大和証券初のことであった。それまで野村、日興、山一が数回務めていたが、大和には実績がなかった。それだけにエキュー債の主幹事獲得は社内では快挙として受け止められた。

その後、中田は社長に就任するまで、リート運用会社を買収し、リート事業の道筋をつけたり、新規にネット銀行を立ち上げるなど、次々と新しいことに挑戦する。

論理的やり方で営業所員のマネジメント能力向上

多くの経営者をみて思うのは、成長を遂げる企業の経営者は実に論理的であることだ。数学的・科学的アプローチを経営の基礎に置いている。〝初めに理論ありき〟ではない。

既存の理論を現実に当てはめるのではなく、変化する事実関係を調べ、人々の生の声を聞き、状況を把握し、原因を分析したうえで理論を構築する。つまり、事実から出発して理論へと考えを進める〝帰納法的〟経営手法を採っている。

中田誠司も同様、論理的である。証券業界の常識や通説、他社の成功の形を無批判に受け入れることなく、自分で考え抜いて新しいビジネスモデルを作ろうとしている。「ハイブリッド型総合証券グループ」化と、リテール分野の「課題解決型コンサルティング」がそれである。

中田は2018年以降、ITを駆使した金融サービス、再生可能エネルギー関連、農業・食料関連、スマートフォン向け特化の証券サービスなど新規事業を矢継ぎ早に起こしている。

その一方で、KDDI、不動産会社「サムティ」など異分野企業との資本業務提携締結により、新事業分野に積極的に進出する。これらの新規事業と、伝統的証券ビジネスを組み合わせ、互いにシナジー効果を発揮するハイブリッド型総合証券グループの実現を図る。

なぜ、そうするかについて、中田は論理的に考えてきた。目指すのは、どんな環境下でも利益が安定的に稼げるビジネスモデルである。

最初に実行したのは2009年、常務執行役企画副担当の時である。中田は、大和ネクスト銀行、リート（不動産投資信託）の2つの新規事業を立ち上げた。しかし、それで終わりではない。その後、中田は両社の収益が証券市場全体の動きにどの程度反応して変動するかを示す数値を追い続けた。その結果、これらの新規事業は伝統的証券ビジネスより変動数値が低いことがわかった。

中田は、「マーケット要因によって大きく振れない事業を数多く持つことにより、グループ全体が安定して成長することができる」と言う。

さらに、リテール部門の「営業改革」も、中田が事実を調べ回ることによって、要因を引き出した結果だ。改革の目的は、顧客の課題解決に向けたコンサルティング体制づくりにある。つまり、顧客ニーズの多様化へのきめ細かな対応である。

最初に中田が訴えたのは、「自分の頭で考え、自分の責任で行動する」という営業員の意識改革だ。今後の営業は、個々人がいかに顧客に寄り添い、課題解決型の付加価値のある営業を行うかで勝負が決まると語り続ける。

それを具現化するため、営業体制を「中央集権型」から「分権型」に転換した。営業目標は本部から支店に指示するトップダウンではなく、支店がボトムアップで決める体制に切り替えたのである。

そのうえで、支店統合の推進と、社員5名程度から成る小規模営業所の店舗数を拡大する〝新店舗戦略〟を実施した。新店舗は従来のようにお客の来店を待つのではなく、エリアに打って出る営業活動の拠点とした。

すると、営業所単位の職場の副産物として、ガラス張りのマネジメントが生まれ、営業所員のマネジメント能力が向上し、考え方も醸成された。それにより、営業所に在籍する人員は全営業店に対し7・2％（2020年3月末）だが、資産導入では全営業店の26・8％（2019年度）。経常利益では、27・7％（2019年度）を占め、顧客基盤・利益面で大きく貢献している。

こうした中田の論理的やり方は、入社後配属された日比谷支店で個人投資家向け営業に携わっていた頃から今日まで一貫している。当時、証券マンはドブ板営業が主流だったが、中田は世界経済や推奨銘柄企業の業績、PER（株価収益率）、PBR（株価純資産倍率）などを調べ上げ、提案型営業を行った。そのスタイルは企業の増資や社債引き受け、株式新規公開などを手掛ける事業法人部へ異動後も続いた。

そうした中田の論理的手法がグループのビジネスモデルを大きく変えつつある。

株式売却失敗で赤字転落を招いた時に上司から「前進あるのみ」と

私は拙著『会社の命運はトップの胆力で決まる』（講談社）で、近年のトップは決断しないと言われると書いた。決断することは場合によっては自己否定、過去の否定に繋がりかねない。それだけに、決断を下すには覚悟と胆力を要する。ビジョンや目標は誰でも描ける。しかし、それを実現すべく実行となると、胆力が要る。新しいことに踏み出すときは、なおさらである。

トップは誰しも失敗したくないと考える。しかし、失敗を恐れず新しいことに挑戦しなければ企業は変わらない。変わらないと企業は潰れる。したがってトップたる者、リスクを恐れず新しいことに挑戦しなければならない。そのためには失敗を恐れない胆力が必要となる。

その点、中田誠司はどうか。社長就任以来、ビジネスモデルを伝統的証券ビジネスと新規事業を組み合わせた「ハイブリッド型総合証券グループ」へ変革、またリテール部門では支店主体の営業体制に転換、小規模営業所の店舗拡大を図る新店舗戦略を実施するなど改革を推し進める。胆力がなければ断行できない改革である。

胆力はにわかに付けられるものではない。若い時からずっと、その有無が試され続けている。

中田の場合、胆力ぶりを表すエピソードは枚挙に暇がない。胆力を発揮し、会社に数々の功績を残している。うち、大和証券初という業績を挙げると――。

1番目は、TOB（株式公開買い付け）第1号案件（1993年）。ゴムホース大手「櫻護謨」は不動産会社に買い占められていた株式を購入するため、TOBを実施したが、その時の立役者は中田だった。かつて同社を担当していた中田は、オーナー社長から相談を受け、解決方法を考え抜き、大和証券では誰も手掛けたことのないＴＯＢを成功させた。

次に、エキュー建てワラント債（新株引き受け権付社債）の引き受けで主幹事獲得（92年）。さらに、バブル崩壊後、当時最大規模のＤＤＩ５００億円の公募増資（94年）、東芝、アサヒビール、三井不動産、ＡＮＡなど非幹事会社から資金調達案件で主幹事獲得（95年前後）などがある。

こうした輝かしい業績の一方、胆力を発揮し、挑戦したものの、うまくいかなかった例もある。

例えば、米国の不動産投資ファンド運営大手、パシフィックホールディングス（ＰＨＤ）の買収提案。中田は２００７年、経営企画部長の時、リート（不動産投資信託）に参入するため、ＰＨＤとの資本提携を提案、交渉を始めた。折しも米国でサブプライムローン問題が顕在化するが、中田は「ピンチはチャンス」と考え、買収を決断した。しかし08年、米投資会社ベア・スターンズ、米大手投資銀行リーマン・ブラザーズが相次いで破たんする。ＰＨＤの経営は急速に悪化した。中田は悩んだ末、買収撤回を決めた。

最大の失策は、株式売却に失敗したことにより、２０００年度第3四半期決算を赤字に転落させたことである。事業法人第3部長の中田は担当していたあるメディア企業の保有株１２００億円の株式売却を任された。一括で売却するブロックトレーディングだったが、売れ残って一時的に保有していた株が急落、120億円の損出が発生した。

これらの失敗には、通常なら、重いペナルティが課せられるところだが、中田は厳しく処罰されることも、人事考課を下げられることもなかった。それどころか、会社を赤字に転落させた時でさえ、当時の企画担当役員の鈴木茂晴（元社長）から、「前進あるのみ」と年賀状で励まされるほど上司の中田への信任は厚かった。

中田は、立身出世には無関心だ。かつ、何があってもへこたれない粘り強さがある。そして、何よりも常に、「世のため、人のため」の仕事かどうか、自分の人生をかけてやるだけの価値があるかどうかを徹底的に突き詰めてから、仕事に取り掛かった。

そんな中田だからこそ、胆力をフルに発揮し続けることができるのである。

No.２育成のため経営幹部育成研修で自ら講義

私は、社員のモチベーションを高めて組織を動かすのは「No.２」の役割だと考える。私の言うNo.２とは、役職やポジションの「２番目」ではない。肩書は副社長かもしれないし、中間管理職かもしれない。それぞれの階層に存在する。

すなわち、企業を変え、成長させる主役である。企業が成長するためには何が大事なのかを考え、理念と利益の追求を同時に行う。そして成長するための方策をトップに示し、改革を成し遂げるためには何を優先させるべきか、トップに意見を述べる人のことである。№.２がいなければ、人も組織も動かないし、改革も成し遂げられない。

中田誠司も、入社以来、随所で〝№.２シップ〟を発揮してきた。

中田の№.２としての特徴は、論理的思考による科学的・数学的アプローチ式の「自立型営業」で実績を上げ、従来の組織風土に新風を吹き込んできたことだ。

その萌芽は、入社後配属された日比谷支店の新人の頃に見られる。中田は、仕事に対して責任感を持ち、事前準備をしっかり行い、納得したうえで営業に励んだ。

例えば、支店長が「A社をやろう」と言えば、課長以下一斉に、慣れ親しんだ一握りのお客に電話をする。しかし、中田だけはA社の資料・データを読み込み、同業他社との違いを数字で確認、客観的な情報を提供しながら営業するというやり方を取った。今日断ったお客も将来は買ってくれるかもしれない。お客の裾野を広げることが重要だと考えたからだ。結果、中田は常に高業績を上げた。

中田が№.２として頭角を現したのは、事業法人第3部の時である。中田が担当した30数社は当初、主幹事はゼロだった。それら担当企業から信頼を得るため、中田は有価証券報告書、キャッシュフロー計算書など資料、データを徹底的に読み込み、そこからヒントやアイデアを得て、資金調達シナリオを提案し続けた。いわば「提案型営業」である。

それにより中田は多くの非幹事会社から資金調達の引き受けで主幹事を獲得した。法人営業のモチベーションを大いに高めたのである。

中田がNo.2シップをいかんなく発揮したのは2002年、事業法人営業部長の時である。在任期間1年10ヶ月で事業法人営業部の収益を4倍に拡大している。中田は何をしたのか――。

まず、部下との信頼感の醸成に努めた。40人の部下一人ひとりと面談し、課題や悩み、想いを聞き、自らの考え方を伝えた。そしてビジネス面では、顧客から相談相手に選ばれる人材になることが最も大事だ。そのためには、有価証券報告書をしっかり読み込み、バランスシート（貸借対照表）を徹底して分析するよう導いた。

その頃から中田は営業手法を、顧客への提案型から、顧客の課題を顕在化させ、顧客と一緒に解決する課題解決型へシフトしている。つまり、〝課題解決型営業コンセプト〟導入の重要性を全社に示した。

さらに中田は07年、大和証券グループ本社執行役経営企画部長として、ネット銀行の立ち上げ準備、リート（不動産投資信託）運用会社の買収などを主導し、社長である鈴木茂晴のNo.2の1人として活躍する。

そんな中田が現在、腐心しているのが、「ハイブリッド型」へのビジネスモデルの変革及び、リテール部門の営業改革を成し遂げる、改革の主役「No.2」の育成である。

その代表例が19年4月、営業改革の旗振り役の営業本部長（大和証券専務取締役）に、18年4月に常務執行役員に就任したばかりの新妻信介を抜擢したことである。理由はビジョンが中田と一致していること。また、「決める・逃げない・責任を取る」をモットーとし、「下（部下）と外（顧客）をしっかり見る」という新妻の仕事への姿勢に共感したことである。

さらに中田は、No.2育成のため、経営幹部育成研修を一層充実させる一方、自ら講義を受け持ち、哲学、信条を伝え続けている。

No.2の育成が「中田改革」成功のカギを握ると言っても過言ではない。

自分の頭と責任で挑戦する組織風土の醸成に注力

成長を遂げる経営者に共通するのは、顔が見える、生きた経営者だということである。顔の見える経営者とは、役員をまとめ、現場の1営業員に至るまで社員全体のリーダーでなければならない。そのためには、社員一人ひとりに会社のビジョンを伝え、全員がそれを共有できるようにすることだ。

社員全員が、会社はどこへ行こうとしているのか、どのような方法で達成しようとしているのか、そのためには自分が何をすればよいのかを理解できるようにしなければならない。経営者の責任は会社の行先を示し、そこに社員を導くこと、そしてその結果に対して自ら責任を負うことである。

その点、中田誠司はどうか。現在、中期ビジョン「クオリティNo.1のコンサルティング力による付加価値の高いソリューションの提供」、「ハイブリッド型総合証券グループとしての新たな価値の提供」を掲げ、その実現に取り組んでいる。

改革にかける中田の本気度が社員に信じられているのは、愚直に自分の理念やビジョンを伝え続けているだけでなく、言行を一致させているからだ。

例えば、中田は「クオリティ№1のコンサルティング力」「伝統的証券ビジネスの進化」「ハイブリッド戦略の推進」「5億ドル以下のM＆A助言業務で世界№1を目指す」などのビジョン、方向性を打ち出し、その宣言通りに実行している。

自分の言葉で表現した理念通りの会社運営を実行している中田経営の特筆すべき点は、まさにこの「言行一致」の断固たる実行にある。そうした言行一致がなければ、社員との信頼関係の構築はもちろん、社内の士気を高めることはできない。

また、中田が社長就任以来ずっと、腐心し続けているのは、新しいことに挑戦する組織風土の醸成だ。そのためにはまず、「自分の頭で考え、自分の責任で行動する」人作りが不可欠である。

例えば、リテール部門の営業改革。まず、営業体制を本部主導のトップダウンから営業店が決めるボトムアップ型に転換した。その結果、コンサルティング力が強化される。また、小規模営業所の拡大を行う。社員一人ひとりの業績が透明になるため、マネジメント意識が高まる。

もう1例は、お客様満足度指標「大和版NPS（ネット・プロモーター・スコア）」の導入である。NPSは企業やブランドに対する顧客ロイヤルティー（忠誠度）の度合いを数値化する指標。目的はNPSのスコアを上げることではなく、顧客の課題を顕在化し、解決に向けたコンサルティング営業を行うきっかけにすることにある。

中田は言う。

「今までは、商品を売るとなると、今日買ってくれるお客様にまず当たる。ところが、お客様の中には今日買ってくれなくても、1年先、数年先に買ってくれるかもしれないお客様がいる。潜在ニーズです。これまではそれを見落としがちでした。しかし、そういうお客様を、社員が見込み客として管理し、それを基に考え抜き、顕在ニーズに変えていくのです」

このような社員の育成は、上司の重要な役割である。それだけに中田は、部店長や役員には「決める・逃げない・責任を取る」の3つの覚悟が必要だと口を酸っぱくして言う。

そんな中田が影響を受けたのは、事業法人第3部の時の直属の上司であった事業法人第3部長の前哲夫（元副社長）と、引受部長の鈴木茂晴（元社長）である。二人から教わった「自分で考え、結論を導き出し、正しいと思ったら、やり抜け」は脳裏に刻み込まれている。

大和証券の〝挑戦する企業風土〟は、そういう部下の士気を鼓舞する上司、先輩たちによって醸成されてきた。

中田が語る。

「上司は部下が力を発揮できる環境をつくる。そのためには、部下に結果を求めてはいけない。上司が見なければならないのはプロセスです。結果の責任は部店長、役員が負うべきなのです」

顔が見える経営者である中田の今後の手腕が注目される。

13

車《くるま》谷《たに》暢《のぶ》昭《あき》　東芝会長CEO（現社長CEO）

走りながら考える「確信と覚悟」の転身経営者

バンカーから経営危機で待ったなしの製造業へ転身

私は、拙著『会社の命運はトップの胆力で決まる』（講談社）で、胆力は経営トップの絶対条件であると書いた。継続するには昨日と同じではいけない。過去の自分を否定し、過去の成功体験を否定し、前任者を否定し、創業理念を除いて会社のあり方を否定する。変化するビジネスシーンにおいて、変わり続けない限り継続はできない。

それはつまり、過去、常識、慣習を覆し、イノベーションを継続して行うことに他ならない。それができる人材こそ「経営者」であり、その源は「胆力」にあると私は考える。

その点、車谷暢昭は、「胆力」のある経営者である。三井住友銀行副頭取から、英投資ファンド日本法人会長に転身後、1年も経たないうちに、東芝からの招聘に応じ、会長就任を決心した。金融業と製造業では〝水と油〟。まさに覚悟の転身と言える。

当時、東芝は2015年発覚の不正会計や17年の米原発事業の巨額損失で経営危機に陥っていた。そんな中、18年1月、車谷は、東芝社長の綱川智、東芝指名委員会委員長の池田弘一（アサヒグループホールディングス相談役）などから、「会長を引き受けて欲しい」と切望されたのだ。

車谷は1980年、東京大学経済学部卒業後、三井銀行（現三井住友銀行）に入行、経営企画畑を歩み、07年三井住友銀行執行役員、15年同行副頭取を歴任後退任する。17年5月、欧州最大のプライベートエクイティファンド、英CVCキャピタル・パートナーズ日本法人会長に転身する。

車谷暢昭（くるまたに・のぶあき）1957年、愛媛県生まれ。東京大学経済学部卒業後、1980年に三井銀行（現三井住友銀行）入行。ネット専業銀行やコンビニATMのビジネスモデルを日本で初めて開発。2017年に三井住友銀行の副頭取を退任後、CVCキャピタル・パートナーズ日本法人の会長兼共同代表を経て、2018年、東芝の代表執行役会長CEOに就任。2020年からは代表執行役社長CEOとして東芝の成長を牽引している。

車谷が東芝会長への招聘を受諾したのは、東芝の再建は日本の製造業の再建に等しい、つまり、「世のため、人のため」の仕事に関われるのなら挑戦しなければならない、という「使命感」からだった。

もちろん、車谷にとっても、東芝再建が困難であることは想像に難くない。第1に、銀行出身で製造業の経験がない。ましてや、東芝という会社の企業文化を知らない。社内の人を知らない。事業を知らない。そんな人間が果たして全社員の気持ちを1つにまとめ、改革を成し遂げられるのか。

さらに、東芝は経営危機に陥っており、失敗すると責任を追及される可能性がある。しかも、時間的にも待ったなしの状況であった。18年2月の就任発表会で「大仕事を拝命したのは天命であり、男子の本懐」と心境を吐露したが、決して確信があっての覚悟ではなかった。

もう1つ、車谷が示した胆力は、東芝のビジネスモデルの転換、つまり、フィジカル(実世界)から、フィジカルとサイバーを融合したサイバー・フィジカル・システム(CPS)への転換を決断したことである。要するに、ハードウエア売り切りビジネスを否定し、顧客課題に対してサービスを継続的に提供するビジネスモデルを構築するということである。

さらに、車谷は、新ビジネスモデルへの転換に向け、改革シナリオを描き、その通り全社で改革に取り組ませている点でも、胆力を発揮している。

特筆すべきは、東芝会長就任を受諾してからわずか数カ月で、ビジネスモデル転換の決断を下していることである。

その経緯は——。

18年1月、車谷は東芝の公表資料を集め、財務を分析し、自らのグランドデザインを描く作業に取り掛かかる。

同年3月、役員、事業部長と1対1の面談を行い、自ら描いた「ＣＰＳ」構想を説明、討議する。

同年4月、会長就任すると、車谷は全国の工場、支社を訪問開始し、以降、従業員との対話を繰り返す。一方で、再び事業部長と個別に面談を重ね、価値観やビジョンを共有することに腐心し、翌5月には5年間の中期計画「東芝Ｎｅｘｔプラン」としてビジョンを年内に公表することを決断した。

車谷の特徴は、走りながら改革への道筋を考え、考えながら改革への道を走ることにある。まさに「確信と覚悟の経営」である。

現在、車谷と東芝は、新ビジネスモデルの構築へ向け、スピード感を持って動き始めている。

世界有数のCPSテクノロジー企業を目指して構造改革

私は拙著『「使命感」が人を動かす』（集英社インターナショナル）で、胆力、言い換えれば「覚悟」の源泉は、「使命感」であり、それこそが経営者に必要な、最大にして最重要の資質であると書いた。

では、使命感とは何か。

「世のため、人のため」という思想からくる思いだと言える。

三井住友銀行出身の経営者、車谷暢昭も、「使命感」を持って東芝を再建しようとしている。

それも単なる現状ビジネスのままの再建ではない。

東芝のビジネスモデルを「フィジカル（実世界）」からフィジカルとサイバーを融合させた「サイバー・フィジカル・システム（CPS）」へ転換し、世界有数のCPSテクノロジー企業を目指すという長期ビジョンに基づいた再建である。それこそが車谷の「使命感」から生じた東芝の構造改革である。

会長就任以来、車谷が「負の遺産の一掃」と「事業の選択と集中」を進め、英国原子力、米国LNG（液化天然ガス）、家電等の事業から撤退したのも、また複数の事業部門を「横」にくくった社内組織「クロス・ファンクショナル・チーム（CFT）」を立ち上げたのも、さらに5年間の中期計画「東芝Nextプラン」を策定し、着実に実行しているのも全て、使命感からである。

こうした「使命感」に駆られた車谷の改革マインドは、にわかに発揮されたわけでない。旧三井銀行（三井住友銀行）入行以来、随所で発揮している。

特徴は、時代の変化を見極め、常識や慣例に囚われず、新しいやり方、新しい事業に挑戦していることである。

車谷が最初に銀行の常識を覆したのは、１９９８年、旧さくら銀行（三井住友銀行）総合企画部企画課長の時だ。当時、車谷は、上位行に勝つためには、彼らがあまり真剣に取り組んでいないリテール部門を強化すべきだと考え、小型店舗の多店舗化政策を研究する。

発案したのは、コンビニエンスストアにＡＴＭを設置し、ローンや決済など銀行サービスを提供する「コンビニＡＴＭバンキング」であった。銀行にとっては小型店舗を増やすことになり、一方コンビニにとっては来店客へのサービス多様化に繋がる、いわば〝ウィンウィンの関係〟になる。

そこで車谷は、あるコンビニ大手に提案し、ＡＴＭバンキングの共同プロジェクトチーム（ＰＴ）を発足した。共同ＰＴはＡＴＭの開発、店舗改装計画など着々と進めた。結果的にはその大手コンビニが自社で、独自に「銀行」を手掛けることになったが、コンビニＡＴＭバンキングを日本中に普及させたのは、車谷の功績であった。

もう1つ、車谷は日本初の「インターネット専業バンク」のビジネスモデルを開発している。

当時、車谷はインターネットの世界が金融サービスを席巻すると考え、「インターネットバンク」を考案し、金融庁と交渉して普通銀行免許を取得した。その後の新ネット銀行構想に繋がる契機となった。上位行との合併を見据え、自行の企業価値を高めておかなければならないという使命感から出た革新事業だった。

さらに車谷は、企画部副部長の時、支店改革を行なう。当時、支店は、ホールセール（法人）業務とリテール業務が一緒になっていた。車谷はノウハウが異なる両業務を分離し、リテールは支店長、ホールセールは法人営業部長が担当すべきだと提案した。現場から反対の声が上がり、大騒ぎとなったが、車谷は分離政策を貫き、成果を上げさせた。

2003年、車谷は王子（東京都）法人営業部長の時、MBO（経営陣買収）やLBO（借入金活用による企業買収）など新たなM&A手法を徹底指導し、それにより王子を全国トップの成績に押し上げた。

その後も車谷は、常務執行役員の時、福島第一原発事故で窮地に陥った東京電力の救済スキームを作成している。この時、車谷は、東電のメインバンクとして、政府、金融界と協議を重ねて被災者支援、電力安定供給、東電支援を両立させる枠組みをまとめた。車谷は銀行法第1条にある「銀行業務の公共性」に立ち返り、東電を支援することが第1条の目的と考え、取り組む決意をした。使命感から生じた覚悟に他ならない。

「ベンチャー精神を持った大企業」への転換

私は、経営者の責任とは、自分たちの企業の未来を信じ、そのことを社員に伝えることだと考える。社員全体の企業のリーダーとして、社員一人ひとりに会社のビジョンを伝え、全員がそれを共有できるようにすることである。

そのためには、経営者はビジョンに基づく計画を作成し、社員全員が同じ問題意識を持てるようにする。

そして、会社がどこに向かおうとしているのか、どのような方法で計画を達成しようとしているのか、そのためには自分は何をすればいいのか理解できるようにする必要がある。経営者の役割は、社員を１つにまとめて経営に参加させること、そして結果に対して自ら責任を負うことである。

車谷暢昭はどうか。

車谷は２０１８年4月に会長ＣＥＯに就任すると、同年11月には早速「東芝Ｎｅｘｔプラン」と呼ぶ東芝を復活させるための5年計画を社員に示す。コンセプトはベンチャーからエンタープライズ（大企業）へのシフト、すなわち「規模の大きいベンチャー企業のような東芝を〝ベンチャー精神を持った大企業〟に転換させていこう」というものである。

この中で車谷は、部分最適から全体最適への転換を掲げ、中央集権に一旦戻したうえで、①「売上優先主義」から「利益優先主義」への転換を示す「利益マインドの確立」、②組織の縦割り行政の打破を目指す「組織の壁の打破」──という2点の意識改革から始めることを提示した。この計画を示した後、車谷は精力的に国内拠点を回り、自分の言葉で、自分の理念、ビジョンを語る「伝道」を行っている。

見逃せないのは、車谷が事業部長との対話を始めたのは就任3カ月前という早さだったことだ。事業部長と1対1で対話をし、彼らの想い、課題を聞く一方、自らのビジョンを伝えている。1日でも早く東芝に溶け込み、社員が自らの力で再建する、全員参加の経営環境を作らなければならないと考えたからである。

対話の中で、車谷がわかったのは、東芝は世界トップレベルの技術力を有する巨大な〝ベンチャー企業〟であることだ。

また、顧客基盤をしっかり保持していること。

その一方で、事業部がそれぞれの事業利益を最優先して行動するため、〝企業内企業化〟し、会社全体に求心力が失われてしまっていた。そのために、IT化の時代を迎えて本命であるデジタル化やネットワーク化への対応が遅れていた。何よりも、強力なビジョンがないため、社員は統一性を欠いたまま、活力を失い、一人ひとりがバラバラに動いている──などだ。

それを見て車谷は、CEOの役割はしっかりしたビジョンを作り、それを目標に落とし、達成プロセスの大枠を示す。そして、誰が、いつまでに、どういうやり方でやるか、というところまで指示し切ることだと考えた。

車谷は、就任すると直ちに、改革の柱となる計画案を策定するため、クロス・ファンクショナル・チーム（CFT）を立ち上げた。チームは、組織再編、人員適正化、生産体制強化、調達改革、営業改革などテーマごとに9つ組成、メンバーは各部署から選抜された中間管理職で構成された。CFT活動に加え、「若手Ｎｅｘｔプロジェクト」を発足し、再生・成長に向けたアイデアを創出、提案させた。

こうして車谷は、全事業部長をはじめ全中間管理職、若手社員全員参加で「東芝Ｎｅｘｔプラン」を作成した。

特筆すべきは、車谷が自分の理念や方向性通りの会社運営を実行していることだ。それは、社員が車谷の〝本気度〟を固く信じている証左でもある。

車谷が言う。

「社員たちが行った改革案件は1万5000件を超える。それだけの数の改革プロジェクトを達成するということは、社員10数万人のほぼ全員で改革をやっているということなのです。やはり、全員参加でやらないと、大きな改革はできません。社員は〝全員ヒーロー〟で、頑張ってくれています」

最初に海に飛び込む〝ファーストペンギン〟たれ

私は、会社の主役は常に社員でなければならないと考える。社員が主役になることで社員力が発揮され、会社は動く。トップの意思がトップにとどまっている限り、会社は1ミリも動かない。トップの意思が社員に伝わり、社員の意思へと転換され増幅されるから、会社は動くのである。

では、誰が、トップの意思を社員に転換させるか。この転換装置となるのが「№2」だ。私が言う№2とは役職やポジションの「2番目」ではない。専務かもしれないし、課長かもしれない。トップの掲げる企業理念やビジョンを実現すべく動く人であり、そのため実質的に社員を動かす人のことだ。№2については拙著『続く会社、続かない会社は№2で決まる』（講談社＋α新書）に詳しい。

車谷暢昭も同様、会長就任受諾以来、私の言う〝№2作り〟に腐心している。

では、車谷はいかにして№2を育成しているか――。

三井住友銀行から移籍した車谷は、東芝の事業についての現場感覚がなく、事業に精通していない。当然、社内では本当に新しい仕組みを作れるか懐疑的にみられていた。

そこで車谷はまず、自分を知ってもらうことから始めた。「東芝をもう1度、将来輝く会社にするために来た」という自らの使命を行動で示すことに心血を注いだ。それはすなわち、自分の理念やビジョン「東芝を世界有数のサイバー・フィジカル・システム（CP

Ｓ）テクノロジー企業に育てる」を繰り返し伝えることであり、その理念や方向性通りの会社運営を実行することであった。

車谷が最初に実行したのは、事業部長との個別面談である。事業部長を重視したのは、東芝は事業部長が実質的に各事業の〝社長〟を務める企業であるからだ。彼らが率先してビジョンを示し、部下を鼓舞し続けない限り、ビジョンは実現できないと考えたのである。最初、事業部長たちは警戒心から何も発言しなかったが、面談を進めるにつれて議論するようになり、やがて賛同する。

車谷が事業部長たちに何度も繰り返し言うのは、「集団で行動するペンギンの群れの中から、リスクを恐れず、餌を求めて最初に海に飛び込む〝ファーストペンギン〟になって欲しい」である。新しいこと、新しい仕事のやり方は困難やリスクを伴う。しかし、積極的にチャンスを見いだし、一方でリスクをとって変えていくことで組織全体が次に続いていくきっかけとなる――。

車谷は若手の中からもファーストペンギン（＝No.２）が現れるよう仕掛けを施した。幾つかの改革プロジェクトがそれである。

１つは、事業部長たちの肝煎りで発足した全社改革に取り組む「ブランド・プロジェクト・チーム」である。もう１つは、調達改革、営業改革、生産体制強化などテーマごとに改革に取り組む「クロス・ファンクショナル・チーム」だ。さらに変革を行う「若手Ｎｅ xtプロジェクト」。これらプロジェクトの若手メンバーたちが転換装置となって、車谷の理念、ビジョンを浸透させ、その実現に向けて改革を進めている。

注目すべきは、車谷が自らデジタル事業の専門家を他社から招請し、№2として登用していることだ。例えば、シーメンスから島田太郎（執行役常務、サイバー・フィジカル・システム推進部長）、日本IBMから山本宏（デジタルイノベーションテクノロジーセンター長）、ソニーから弓田圭一（執行役常務、情報システム部担当）などである。彼らは、№2として、トップのビジョンを下に伝え、下の思いをトップに伝えている。

こうして事業部長、若手プロジェクトメンバー、外部から招請した専門家など、それぞれのレイヤー（階層）で誕生した№2たちは、ビジョンを追求しながら社員のモラール（士気）を高め、社員に生き甲斐を与える仕組みを考え、企業が成長していく上で必要な潜在的エネルギーを引き出しているのである。

東芝改革の成功は、車谷の育成する№2の活躍で決まると言っても過言ではない。

まずフィジカルのエクセレントカンパニーになるシナリオ

持続的成長を遂げる企業の経営者に共通するのは、論理的であることだ。自分の行った一つひとつの意思決定について論理的に説明ができる。

車谷暢昭も、論理的思考を身に付けた経営者である。常に自社について自分の頭で考え抜き、なぜそうするかについて理由を突き詰めて考え、簡単に議論を断念しない論理性がある。

車谷は、5年計画「東芝Ｎｅｘｔプラン」で、ビジョン「フィジカル（実世界）の技術とサイバーの技術を融合する世界有数のサイバー・フィジカル・システム（CPS）テクノロジー企業を目指す」を打ち出している。

CPSとは、フィジカルのデータを収集し、サイバー世界で分析したり、活用しやすい情報や知識とし、それをフィジカル側にフィードバックすることで、付加価値を創造する仕組みである。

なぜ、車谷はCPSテクノロジー企業への転換をビジョンに掲げるか——。

車谷が着目したのは、東芝の世界最高の技術力である。過去、東芝が開発した世界初の技術は、家庭用インバーターエアコン、ラップトップPC、超々臨界圧大容量蒸気タービン、4メガビットNAND型EEPROM、医療用裸眼3Dディスプレイなど数多い。すなわち東芝はフィジカル技術では最高の技術を有している。しかも、サイバー領域でも基本技術は世界トップクラスである。この強みを一層強くすることが生き残る不可欠条件であると、車谷は考えた。

そもそも、東芝が苦境に陥った原因は、売上最優先の製品開発と投資判断を行う「売上至上主義」にあった。収益性をきちんと吟味せずに製品を製造したり、原発、半導体など莫大な資本コストがかかるビジネスに集中した。しかも、デジタル時代に入り、モノ作りビジネスの収益モデルが変わったにもかかわらず、東芝はその方針転換ができなかったと分析した。

そこで車谷は、まず利益から入る「利益優先主義」への転換を訴えた。利益を出すために強い事業を作ろう。強い事業にするために強い製品・サービスを作ろうと逆の発想を植え付けた。さらに、ハードウエア売り切りから顧客課題に対してサービスを継続的に提供していくビジネスモデルへの転換を打ち出した。

そんな車谷は、銀行時代から「ネット銀行」を発案するなど、インターネット世界の動きに注目してきた。

現在、GAFA（グーグル・アップル・フェイスブック・アマゾン）などサイバー企業はサイバー世界のデータを独占し、巨大な事業を展開する。サイバー企業がフィジカル世界に進出し始めているのは、サイバー世界だけでは成長限界に到達しつつあるからだと考えている。

CPS事業はこれからが本番を迎える。フィジカル技術に強い東芝にとっては、好機到来である。車谷がそう考えるのはCPSは、①未開拓市場であること、②東芝がルールメーカーになれる可能性があること、③営業利益率が高いことなどからだ。

車谷が言う。

「世界的に見てハードウエアだけをやっていて、10％以上の営業利益率を出している企業は数少ない。一方、ソフトウエアビジネスはサイバー専業企業の場合、営業利益率は約30％を達成している。現在、製造業の多くはハードの売り上げ比率が80～90％。それをハード50％、ソフト50％にすれば、20％ぐらいの営業利益率を上げられると見ています」

今、車谷はＣＰＳテクノロジー企業化へ向けて強固な土台づくりを行っている。英国原子力・米国ＬＮＧ（液化天然ガス）・家電等Ｂ to Ｃ事業の撤退、東芝メモリの売却、７０００億円の自社株買いと、構造改革を実施した。その結果、実質「無借金経営」とし、財務を健全化した。２０１９年度は売上高３・４兆円、営業利益１４００億円（営業利益率４％以上）を見込む。

車谷が描くシナリオはまず、フィジカルのエクセレントカンパニーになる。その上で、サイバーを載せて卓越したＣＰＳテクノロジー企業に進化させるというもの。ビジョンの実現に向けた〝車谷改革〟から目が離せない。

「一緒に楽しく仕事を」の思考で企業価値を高めていく

成功する企業の経営者に共通するのは、逆境でも「自分は運が良い」と思えることだ。人は誰しも同じような体験をして、同じような経験をする。どのようなことであれ、それに対して、「運が良かった」と思えるような人が成功している。

例えば、相性の悪い上司についたり、あるいは左遷されたりした時でも、「自分自身を鍛えるいいチャンスだ」と思える。そんな「幸運思考」の人が運を摑んでいる。

その点、車谷暢昭はどうか。

東京大学経済学部を卒業し、旧三井銀行（三井住友銀行）に入行して以来、国際企画、秘書役、企画課長、経営企画部副部長、王子法人営業部長、執行役員経営企画部長を歴任し、代表取締役副頭取に就任、その後、英CVCキャピタル・パートナーズの日本法人会長を経て、東芝の経営を任されたことに至るまで「運」に恵まれていた。そしてここまでやってこられたのは、上司や友人たちのおかげと考えている。

車谷の特徴は、一貫して企画畑を歩み、経営問題の解決に全力で取り組んできたことにある。銀行の存在意義は何か、仕事を通じて社会をどう変えたいのかという明確な「志」や「使命感」を持ち、変革し続け得る環境を自ら作り上げてきた。自行に大きな経営問題が生じるたびに、車谷は潜在的課題を顕在化させ、常識や慣例に囚われない新しいやり方で問題を解決することに心血を注いできたのである。

そうした変革への飽くなき挑戦が車谷の遣り甲斐であり、喜びであった。

例えば――。企画課長の時はリテール部門強化策として「コンビニATMバンキング」や「インターネット専業バンク」を発案・創設した。また、常務執行役員の折は、東京電力のメインバンクとして福島第一原発事故で窮地に陥った東電救済スキームを作成する。

いずれもそれまで誰もやらなかった新手法を編み出して解決している。

重要なのは、車谷は常識や慣例に囚われず、何事も客観視できる冷静さと問題意識、変革することへの情熱を持っていたことだ。時代の大きな流れに対応し、変革していくことに何よりも面白さを感じていたのである。

もう１つは、車谷は上司をはじめ、起業家など多くの友人に支えられてきたことだ。企画課長の時には、頭取の岡田明重（当時）の側近として、「ネット専業バンク」創設など新事業を開発する一方、住友銀行との合併の際には統合準備委員会委員として活躍した。岡田の厚い信任を得ていなければ、そうした活躍の機会はなかっただろう。

とりわけ、車谷が「自分は本当に運が良い」と思ったのは、〝三井のドン〟と呼ばれた三井銀行相談役の小山五郎（元三井銀行会長）の秘書になったことだ。

小山は財界の重鎮として、日本の経済政策に大きな影響を及ぼしていた。その小山から車谷は、銀行についての見識や組織人としての生き方など多くのことを学んだ。

例えば生き方――。「勝負は勝ったらその瞬間にゲームオーバーにしておけ。そうすると相手は君を信任して、助けてくれるかもしれない」と教えられた。また、車谷が企業人、政治家、芸術家など幅広い人脈を築いてきたのは、「いろんな人と付き合え」という小山の薫陶を受けてきたからである。

さらに見逃せないのは、車谷が東芝会長の就任要請を受諾したのは、「やって欲しいと懇請されたら迷わずに引き受けなさい。仕事というのは、やりたいことをやるのではない。望まれることをやるのが仕事だ」という小山の教えがあったからだ。

東芝再建の機会を与えられて「運が良い」と考える車谷は、技術革新に挑戦し続ける技術者集団の東芝なら必ず再建できると確信する。車谷が語る。

「私のモットーは、10数万人の従業員と一緒に楽しく仕事をすることです。皆が楽しんで、正しく力を発揮すれば、会社は企業価値が高まり、さらに皆が楽しめるのではないかと思っています」

車谷の「幸運思考」がいかに東芝を変え続けられるか、注目される。

14

芳井敬一《よしいけいいち》　大和ハウス工業社長

「魅力ある街づくり」で社会へ貢献、創業者の志を継承していく

交通事故で長期入院、神戸製鋼からの転職決意

私はいつも、「成功者」の共通点を、①逆境でも「自分は運がいい」と思える人、②「志」や「夢」を持つ人、③過去を引きずらない人、④あきらめない人、⑤気配りのできる人など、8つ挙げている。

芳井敬一も、私の言う「幸運思考の成功者」の条件を備えている経営者である。

まず、逆境でも「運がいい」と思えること。人は誰しも同じような体験をする。どのようなことであれ、それに対して「運がよかった」と思えるような人が成功している。芳井も失敗や挫折した時、原因を他人や時期、環境のせいにしたりせず、全て反省の機会に置

き換えてきた。

さらに、社会に貢献したいという「志」を持っていることだ。具体的には、芳井は社会や地域に喜ばれる、魅力ある「街づくり」をしたい、という志を持ち続ける。

そうした幸運思考で、芳井は転機を「好機」に変えてきた。

芳井は、中央大学文学部卒業後、ラグビーで神戸製鋼所グループ会社に入社。その後、大和ハウス工業に転職し、営業所長、支店長、東京本店長などを経て社長にまで上り詰める。

そんな芳井にとって人生の大きな転機は2回訪れている。

芳井敬一（よしい・けいいち）　1958年、大阪府出身。中央大学文学部哲学科卒業後、神戸製鋼グループの神鋼海運を経て、90年大和ハウス工業入社。神戸建築営業所長、姫路支店長、金沢支店長を経て、2010年執行役員就任。その後、取締役上席執行役員 海外事業部長、取締役常務執行役員 東京本店長、取締役専務執行役員 営業本部長などを歴任し、17年11月代表取締役社長に就任。19年6月より代表取締役社長／CEO兼COO。

最初は神戸製鋼所グループ会社勤務時代に交通事故で長期入院した時である。

1988年8月、車を運転していた芳井は、後続車から追突され、椎間板が潰れ、腰の骨を首に移植する大手術を受けた。

当時、芳井は建設機械事業

の米国進出プロジェクトメンバーに選ばれた矢先のことだった。元々名門ラグビー部・神戸製鋼のラガーマンでもあったが、3年でラグビーには見切りをつけて仕事に没頭していた。事故に遭ったのはそんなタイミングだった。

入院8ヶ月間、寝たきりを強いられ、海外赴任の夢を絶たれる中、一体俺はどう生きて行けばいいのか、挫折感を味わう日々を過ごした。

転機となったのは病院で知り合った入院仲間の一言。「芳井ちゃんのところにお見舞いに来る人はみんなネクタイを締めているなあ」だった。

この言葉に、芳井はハッとした。入院仲間にはトラックの運転手、工場の旋盤工など、現場で働いている人が多かった。そんな彼らが自分自身も車イスの身ながら、手を伸ばして「痛いやろう」と言って足をさすってくれた。その優しさが心に沁みた。人間として何が大事か見詰め直した芳井は、スマートな海外生活を送るなど浮かれたことばかり考えていた自分が恥ずかしくなった。そこで、新たな自分を見出すため、今までとは異なる職種に挑戦することを決意した。

2つ目の転機は、大和ハウス工業に転職したことである。

退院後、芳井が仕事の適正検査を受けると「営業」という結果が出た。芳井にとって最もやりたくない職種だった。しかし、芳井は敢えて挑むことにし、転職先を、①自身がもっともやりたくない営業ができる会社、②日本で一番営業がきつい会社、③社会を動かせる上場会社——と決めた。

芳井は人事部にいた同僚に自分の意向を伝えると、「離職率ランキング」を渡された。そのワースト3に名前が載っていたのが大和ハウス工業だった。早速、同社に出入りする知人に相談すると話は進んでいき、人事部長と面接することになった。

芳井はアルバイトから始めた。そこでは社員が自発的に生き生きと働いていた。芳井はこの会社で働こうと決心した。１９９０年6月、32歳の時だった。

入社後配属されたのは、建築営業の部署だった。仕事は基本的に飛び込み営業。芳井は訪問先の調べ方、玄関先での話し方から営業トークに至るまで、年下の先輩たちに聞いた。彼らは営業ノウハウを隠さずに教えてくれた。

芳井は上司や先輩に学びながら1軒1軒顧客を訪問し、地道に営業活動を行った。やがて契約が取れるようになった。それは周囲の人たちのおかげと感謝した。

その後、芳井は、神戸支店建築営業所長、姫路支店長、金沢支店長、海外事業部長を歴任する。

「大和ハウス工業に入社して本当に運が良かった。この会社は公平です。やる気を出しさえすれば、中途採用でも、人事評価は平等です」

「勉強会」「座談会」で若手社員の考える力を醸成

私は、拙著『続く会社、続かない会社は№2で決まる』(講談社+α新書)で、社員のモチベーションを高めて組織を動かすのは、「№2」の役割だと書いた。私の言う№2は役職やポジションの「2番目」ではない。専務かもしれないし、課長かもしれない。企業を変え、成長させる主役だ。そして成長するための方策をトップに示し、改革を成し遂げるためには何を優先させるべきか、トップに意見を述べる人のことだ。№2がいなければ、人も組織も動かないし、改革も革新も成し遂げられない。

その点、芳井敬一は、32歳で中途入社以来、随所で〝№2シップ〟を発揮してきた。芳井の№2としての特徴は、常に仕事の本質は何か、自分の役割は何かという「What」に対する答えを追求してきた点である。芳井が何よりも社員との「対話」を大事にし、社員一人ひとりの役割を考えさせる「勉強会」を継続してきたのも、常に部下に寄り添い、励ましてきたのも、そうすることが自らに課せられた「役割」「使命」だと覚悟しているからである。

芳井が最初に№2的役割を果たすのは、2005年、神戸支店建築営業所長の時である。

芳井は、設計・工事・購買担当の技術系社員を経営に参画させるため、彼らが営業所の中でどのような役割を担っているか、理詰めで考えさせる「勉強会」を開始した。受注・

売上・利益の構造がわかれば、営業所の目標数値を達成するには自分たちは〝役割〟として何をすればよいか理解できると考えたのだ。

こうして芳井は、勉強会を通して個々人の役割を認識させ、一体感を醸成し、協力し合う風土作りを行った。その結果、営業所員のモチベーションは向上し、建築営業所の業績は伸びた。芳井は神戸支店の「№2」の役割を果たしたのである。

06年から2年間務めた姫路支店長の時も、芳井は支店の課題を全員で考えて解決することを目的とした「勉強会」を実行した。

さらに、芳井が新たに力を注いだのは、社員との「対話」である。毎朝9時までに面談時間を取り、安全上の問題、施工ミス問題、お客とのトラブルなど「良くない話」を聞くことにした。時間を9時までと区切ったのは、良くない話を朝イチで解決し、それ以後は「前向きに仕事ができるように」という理由からだった。

上司の役割は、部下の〝お役立ち〟と規定する芳井は部下の営業所長を励まし、鼓舞することに腐心し続けた。部下が相談に来るのは、芳井の問題解決能力に期待してのことだと考えたからだ。それだけに芳井は自分の問題として面談に真剣に対応した。結果、営業所長たちの士気は高まり、支店は実績を上げた。

08年、急遽抜擢された金沢支店長の時は、組織風土の抜本改革に精力的に取り組んだ。着任当時、金沢支店は組織の風通しが悪く、社員間の対話不在からくる閉塞感が支店全体に漂っていた。

芳井は着任後、直ちに全社員との個別面談を実施する。喫緊の課題は、社員のモチベーションを上げることにあると判断した。そこで姫路支店長の時と同様、毎週1回「勉強会」を始めた。目的は課題を解決することにあったが、社員同士が会話をし、お互いのことを知り、一体感を醸成することでもあった。

そのため、事務局のリーダーになる中堅女性社員を2人選抜する。この2人に、チーム編成と課題設定を任せた。チームは半期ごとに、結論を提出、チームを入れ替えて新テーマに挑ませた。結果的に、金沢支店は自由闊達な組織風土に変わり、社員が生き生きと活動するようになった。

その後、東京本店長時代も、芳井は事業部長、営業所長、工事責任者などを対象に早朝面談を行った。加えて芳井は、若手社員育成を目的とした「座談会」を開始した。テーマは参加者が自由に選び、運営も全員が話し合ってやるという、若手社員の考える力を醸成する会である。

こうして芳井は、自らの役割と決めている「人づくり」に心血を注いだ。

不祥事連続の真因は大企業病からくる「対話不在」だ

組織というのは、作られた時が最も新鮮で、効率よく機能する。ところが、時間が経って実績ができ、組織が大きくなれば、どんな組織も必ず私の言う「機能不全病」（大企業病）にかかる。いわゆる「マンネリ化」である。それが続くと、組織は弱体化し、やがては壊疽《えそ》になったようになり、死に向かっていく。

要因としては、便宜上作られた制度そのものが主役となってしまう「過度の制度化」、本社の求心力が強すぎて現場が委縮してしまう「過剰なマネジメント」、逆に遠心力が強まり過ぎて現場が部分最適だけを追求する「理念なき現場主義」、「意見はあっても意思はなし」の評論家や体裁ばかりの「形式主義」の蔓延が挙げられる。

芳井敬一も、社長に就任以来、「機能不全病」との戦いに挑んでいる。芳井の掲げた「2021年度の売上高4兆5500億円、営業利益4050億円」という中期経営計画の高い目標自体、機能不全病から脱するための手法と捉えることができる。

芳井が社員に訴える。

「当社は大企業病に陥っており、創業精神の1つである『スピードは最大のサービス』が実践できていません。大切なのはリーダーが率先して問題解決にあたり、解決への道筋を示すこと。中計では大企業病から脱却します。皆さんは選ばれる企業になれるよう率先して行動してください」（「社内報」より）

こうして芳井が危機感を募らせるのは、2019年3月に中国の関連会社で、合弁先の担当者による不正経理問題が発覚したこと、さらに翌4月には国土交通省からアパートや戸建て住宅で建築基準法不適合問題が公表されるなど、不祥事が相次いだことが背景にある。

とりわけ、芳井が深刻に受け止めたのは、「建築基準法不適合問題」。00年に施行された改正建築基準法の中で、型式適合認定などを受けている場合は、建築確認で一定の審査が省略される制度が導入された。

この制度においては型式適合認定を受けている仕様しか利用できないが、今回の問題では現場が従来使ってきた仕様が、法改正後も「型式適合認定を受けている」と誤認したまま施工してしまっていた。改正建築基準法の内容を現場が理解していなかったという基本的なミスと、本社がそうした現場を把握していなかったことが原因である。

対応策として芳井は、社内ガバナンス（統治）体制の強化策を打ち出し、社外取締役の割合を高め、内部通報の外部窓口を新設すると同時に、法令順守の意識を浸透させることに努める。

しかし、芳井は社員を監視する「監視ガバナンス」を強化すれば十分とは考えていない。

大事なのは、社員の自発性ガバナンスの実現であり、社員の使命感、倫理観、それに支えられた人間としての情熱だと考える。

今回の問題は単にガバナンス体制に起因するものではなく、大企業病からくる「対話不在」が真因だとみる。

最初に、芳井が大企業病にかかっていると危機感を持ったのは13年、東京本店長に就任した時である。社員同士が顔を合わせても挨拶をしない。そんな社員がお客様にきちんと対応しているとは到底考えられない。このままでは会社は成長しない――。そうした危機感から、芳井は直ちに風土改革に取り組んだ。

代表例は月2回の「座談会」である。若手社員の考える力の醸成を目的としたが、真の狙いは部門を超えた社員同士お互い顔が見えるようにすることと、組織に風を通すことにあった。

座談会は、現在も後任の本店長が継続し、今年2月で8期生が修了。卒業生は累計184名。結果的に、社内対話と連携は促進され、自発的に考え、行動する社員が増えた。

さらに、18年6月に始めたのが、新規事業の社内外公募「オープンイノベーションプログラム」である。現在60を超えるアイデアへの審査、検討を行っている。加えて「社長への提案BOX」には毎月10数通提案が上がってきている。ほかにも発明コンクールなどを開催し、情熱を喚起している。

芳井の「機能不全病」との闘いは続く。

事業を通じ「人を育てる」使命感を胸に

よく、「経営者に必要な資質は何か」と訊かれることがある。私は、トップたちとの交友経験から「資質は関係ない。大切なのは経営者としての使命感ではないだろうか」と答えている。使命感こそが経営者に必要な「胆力」、言い換えれば「覚悟」の源泉であり、経営者に必要な、最大にして最重要の〝資質〟であると考えるのだ。

その点、芳井敬一は、「人づくり」という使命感を持つ。

大和ハウス工業創業者の石橋信夫は5項目から成る「企業理念」の第1に「事業を通じて人を育てること」を挙げている。

それだけに芳井は、「人づくり」は大和ハウスのDNAであり、継承すべき至上課題であると考える。芳井は言う。

「事業というのは、最後は『人』なんです。人によって変わります。だから、1にも、2にも大事なのは『人づくり』です。人をしっかりつくっていかないと、会社は未来永劫続きません。人を掘り起こして、一生懸命磨いて、経験させて、人をつくる。そういう大和ハウスのDNAを次の世代に刷り込んでいかないといけないと考えています」

そうした芳井の「使命感」は決して与えられたものではない。32歳で大和ハウス工業に転職した自らも周囲に育てられ、今日に至った実体験から生じたものである。芳井が語る。

「ここまでこられたのは、周囲の人に恵まれたからです。営業の仕事は初めてという私に対して、先輩たちが営業ノウハウを隠さずに教えてくれました。学歴も他社歴も関係なく、公平に機会を与えてくれる。やる気を出しさえすれば評価は公平。そんな中で生きてきたから私も人を育てることを大切にしているのです」

芳井が人づくりを本格的に始めたのは、支店長になってからだ。姫路、金沢の両支店長時代には、部下の名前、性格、仕事ぶりを把握し、個々人によって育て方を変えるという個人別の育成カルテを作って育てる手法を取った。各営業所長に対しても、同様のやり方を徹底させた。

特筆すべきは、芳井の、社員は家族の一員であるという家族愛からくる部下への〝思い〟である。芳井が部下たちを「うちの子ら」という言い方をしたり、「子供が5人いたら5通りの育て方があるのと同じ」と言って憚らない理由である。

そのため、芳井が、自分に失望したり、挫折感に苛まれたりしている部下を励ます例は枚挙に暇がない。例えば、東京本店長時代、何期も赤字から脱却できず、苦悩していた地方のある営業所長に会うため、密かに現地へ出向き、会食した。芳井は何を言うわけでもなく、ただ話を聞くだけだった。帰り際、彼の肩をポンと叩いて「体に気をつけて」。わざわざ自分を励ますためだけに来てくれた。そう思うと、営業所長は涙が止まらなかった。それを機に彼は、一念発起し、ある支店の支店長に昇格した。そんな事例はあまたある。

　また、芳井流は、失敗した本人に対して人格を否定したり、誇りを傷つけるような叱り方はしない。さらに、再起する人を大いに評価する。降格された支店長でも、業績を上げれば昇格させる「復活人事」を実施する。

　加えて、芳井は社員一人ひとりに寄り添って指導する。例えば、営業本部長時代には、各支店を回り訓示した後、社員から上がってくる感想文に対して、一人ひとり丁寧にコメントを書いて返信した。

　こうして人づくりに力を入れてきた芳井が体得した〝極意〟は、「見極め」である。まず、新人に自分のスタイルでやらせる。行き詰まると、上司が横について一緒にやる。そしてその人のスタイルを摑み、適正な部署かどうかを見極める。例えば、営業向きでなければどの部署だと活躍できるか、人事部と話し合いをして異なる仕事を与える。ここで重要なのは上司が部下の適性を摑み、見極めることである。

「問題は、上司はそこを本人に納得させられるかどうかです。『悪いけど、君は営業で大成するとは思えない。今から鞍替えして、こういう部署へ行ったらどうだろう。今ならまだ間に合う。会社はやる気になったら、ちゃんと評価してくれるよ』と」

　芳井は次代を担う人づくりに心血を注ぐ。

〝一気通貫〟の総合力で社会に貢献し持続的成長

企業にとっての至上課題は持続的な成長である。そのため、企業は何をすべきなのか。それが今日の企業経営者に求められている最大の課題である。

重要なのは、中期的な周期で成長を遂げているかどうかである。持続的成長を遂げる風土になっているか。土壌が改良されているか。種まきが行われているかが問われる。必要なのは、長期的視点である。

その点、芳井敬一は、ゴーイングコンサーン（企業が将来にわたって事業を継続することを前提にする考え方）を実行する経営者である。現在、創業者石橋信夫の夢「創業100周年（2055年）に売上高10兆円」の実現に向け、売上高4兆5500億円（22年3月期）を目標とする中期経営計画の達成に邁進している。

芳井は、持続的成長の必要条件は「自社の持てる強み」を最大限生かすことだという。その強みをさらに鍛え上げ、圧倒的な強みにしていくことにより、新たな成長を獲得することができると確信する。

では、大和ハウスの強みとは何か。それは〝総合力〟である。戸建住宅、賃貸住宅、マンション、商業・事業施設、都市開発といった自社の持つ幅広い事業領域を生かし、グループ会社を含めたオール大和ハウスで付加価値の高い「社会・街づくり」を実現することである。つまり、自社とグループ会社の各事業を横ぐしでつなぎ、企画・設計から施工、テナント・リーシング、施設運営に至るまで〝一気通貫〟で社会の要求に対応するというわけだ。

代表例が「高尾サクラシティ」（東京都八王子市）。総戸数416戸からなる分譲マンション、総83区画の戸建て住宅に加え、大型商業施設も一体となった複合開発事業である。自社の戸建住宅、マンション、流通店舗の3事業部門が連携して開発し、総合設計から建築、完成後の施設管理に至るまで全て大和ハウスのチームで完結した例である。

最近では、19年7月から取り組んでいる分譲マンション、戸建住宅、商業施設を組み合わせた大規模複合開発の「船橋塚田プロジェクト（ＰＪ）」（千葉県船橋市）などがある。

芳井が2018年1月に立ち上げたストック事業の統一ブランド「リブネス」も、総合力を生かした新たなビジネスモデルだ。それは同社が過去販売してきた住宅、商業施設などの既存の建物に対し、リフォームやリノベーション、買い取り再販などを積極的に展開し、既存価値の向上を図る取り組みである。

これまで自社の不動産流通事業部、大和ハウスリフォームなどグループ各社が個別展開してきたストック事業を統一ブランドとして発足させた。さらに現在、同社が開発してきた住宅団地「上郷ネオポリス」（横浜市）、「緑が丘ネオポリス」（兵庫県三木市）では、団地の再耕（＝再生）に向けたリブネスタウンＰＪに取り組んでいる。

また、芳井は、持続的成長の鍵は海外事業の開拓にあると考えている。現在、米国、豪州では買収した現地企業による戸建住宅事業の拡大を推進する一方、中国、アジアなどでは商業・物流施設、工業団地を含む複合開発事業を展開する。

特に芳井が注力しているのは、大和ハウスの強み「総合力」が発揮できる「社会・街づくり」である。グループ会社フジタと連携し、シナジー効果を創出しているPJが多いゆえんだ。

例えば、中国・江蘇省常州市の分譲マンション・商業施設は大和ハウス工業がデベロッパー、施工はフジタという連携で開発している。また、ベトナムの「ウォーターフロントシティPJ」なども、フジタと連携して開発を行う。

芳井が言う。

「アジアや中東では、高速道路や鉄道敷設、トンネルなどインフラを請け負うフジタの役割が大きい。線路ができ、駅ができると、そこからは大和ハウス工業の出番です。戸建住宅やマンション、商業施設も、物流センターも得意、管理もできる。高齢化社会に対応した病院も介護施設も建てられる。全部大和ハウスグループで完結できるのです。その強みをより強くしていくことが今後の課題です」

大和ハウス工業の持続的成長は、芳井の〝総合力〟のさらなる追求にかかっている。

創業者・石橋信夫の理念と考え方を継承

私は、拙著『会社の命運はトップの胆力で決まる』（講談社）で、経営者の使命感は、オーナー経営者とサラリーマン経営者で大きな違いがあると書いた。オーナー経営者の使命感は、意思決定の責任の所在がオーナーにあることが明確であることから生まれる。この点、責任の所在が不明確になりがちなサラリーマン経営者の企業とは大きく異なる。それだけに、サラリーマン経営者にはより揺るぎない使命感が求められる。

では、芳井敬一の使命感とは何か。「創業者石橋信夫の理念や考え方を伝え続け、創業者の夢〝10兆円企業〟の実現に挑戦することです」と明言する。

石橋とはどんな経営者だったか――。石橋は1921年、奈良県吉野郡に生まれる。39年、県立吉野林業学校を卒業し、満州営林庁に入庁する。42年、関東軍の小隊長として満州へ着任した。その後、終戦と同時にソ連の捕虜となり、シベリアに抑留されるも、九死に一生を得、48年、復員し、家業の吉野中央木材に入った。

起業のきっかけは、50年、近畿地方を襲ったジェーン台風だった。約2万戸の家屋が全壊、各地の河川が氾濫した。

故郷・吉野の被害状況を調べに戻った石橋はふと、水田の稲穂が折れないで揺れているのに気づいた。家は軒並み倒れているのに、稲は折れていない。なぜか。石橋は、ハッとひらめいた。丸く、中が空洞だからではないのか。パイプだ。鉄パイプで家を作ったらいい。パイプハウス発明の瞬間だった。

折から、政府も木材不足に対応するため、代替資源の使用を推進していた。55年、大和ハウス工業を設立する。

以来、石橋は、パイオニア精神を発揮、ミゼットハウス、鋼管構造建築、住宅団地など次々に日本初の新規事業を興していく。石橋は常に大きな「夢」を持ち、「先見性を持って時代を先取りする企業体質」を築き、社会の公器として「世のため、人のため」に尽くす企業でなければならないと考えていた。

芳井は語る。

「当社には創業者が経営方針を述べた小冊子『わが社の行き方』があります。そこには『販売なくして企業なし』『スピードは最大のサービス』といった石橋語録が載っている。それを読むと、創業者精神がまず入ってくる。そして気持ちが高ぶっている時には、頭を冷やせ。気分が落ちている時には、頑張れと後ろから押してくれるのです」

芳井は、石橋の考えが社員の腹に落ち、日々の仕事に反映させるよう繰り返し訴えている。

例えば、「全員営業」——。

「住宅は当社の創業のDNAであり、コア事業です。しかし、いつの間にか住宅営業の人しか住宅事業を行わない会社になってきていました。そこで私は管理部門や技術部門、アパートや商業施設をやっている人たちも住宅営業であり、紹介という形で参画できるだろう、と言い続けています。今では、自分たちも住宅セクトの一員だという意識は強くなっています」

では、サラリーマン経営者・芳井の使命感はどこから来るのか。

自分の人生は石橋信夫が創業した大和ハウス工業に救われたという〝感謝の念〟からである。

芳井は、過去何度も挫折を味わっている。中でも最も大きな挫折感に襲われたのは、ラグビーで入った神戸製鋼所子会社時代、自動車事故に遭い、8カ月間入院した時である。ラグビーに見切りをつけ、仕事に打ち込んで認められ、米国勤務の内示が出た矢先のことだった。失意の中で、自分を見つめ直し、生き甲斐のある人生を求めて大和ハウス工業に転職することを決意する。

芳井は、大和ハウス工業の自由で公平な組織風土の下、年下の先輩たちに学び、周囲に助けられ、顧客の開拓に打ち込んだ。行き詰まっても、創業者の考えを拠り所として前へ進んだ。やがて実績が評価され、支店長、本店長を経て社長にまで上り詰める。

そんな芳井が今、〝10兆円挑戦〟を宣言するのは、「チャレンジ精神を持って前進すること」が大和ハウス工業の生命線であるという石橋の考え方を継承している証である。

社会的課題「高齢化」に取り組み、社の存在意義を追求

成長する企業の経営者には必ず、「企業とは利益を上げることを通じて長期的に社会に貢献することを目的とする組織」という企業観がある。

つまり、「利益は目的ではなく、手段として必要」と考えているのである。

芳井敬一も、「世のため、人のため」という創業以来の企業文化の継承を自らの使命とする。「事業を通じて人を育てること」など5項目から成る経営理念を唱え、「お客様と共に新たな価値を創り、活かし、高め、人が心豊かに生きる社会を創る」という経営ビジョンの実現に向け全社挙げて取り組んでいる。

創業者の石橋信夫は「3つの責任」を唱えた。「1つ目は顧客へ、社会へいい製品を送り出すべき責任、2つ目は株主に対して、利益を上げ、会社を発展させて、その期待に報いるべき責任、3つ目は従業員の家族の生活の確立と安定を図らなければならないという責任」(「わが社の行き方」)。

つまり、まず最初に顧客(＝社会)の満足する製品やサービスを提供する。そうすれば、利益を上げることができ、その結果、株主への利益の還元、社員の生活の安定を果たすことができるというわけだ。顧客至上主義である。

そうした考え方を継承した芳井は、社長就任以来一貫して会社の社会的存在意義を問い続ける。顧客にとっての付加価値を継続的に提供することができなければ、企業の存在価

値がない。

その例が社会課題の解決だ。その方策の1つが商品や事業のイノベーションである。現在、同社は、福祉、環境、健康、農業分野などで次代を睨んだ新規事業の開発を加速度的に推進している。例えば、農業分野では植物工場システム、また環境分野ではエネルギーゼロの街づくりなどがある。

注目すべきは、建物や街に新たな価値を生み出す「リブネス事業」を導入することにより、住宅団地や住民の高齢化という社会課題の解決に取り組んでいる点だ。

同社が1967年に開発した兵庫県三木市の住宅団地「緑が丘ネオポリス」。現在では住民の高齢化が進行し、高齢化率40％のオールドタウンとなり、人口減少や空き家・空地の増加などさまざまな社会課題が山積している。

そこで同社は、高齢者と新たに流入する住民が快適に過ごせる多世代循環型コミュニティー形成の一環として、高齢者住民に対して住みにくくなった戸建住宅から、高齢者向け住宅等へ住み替えを促し、その空いた戸建住宅をリフォームして新たな若年層に入居してもらう仕組みを構築する。現在、同社は、隣接する「松が丘ネオポリス」に高齢者向けの戸建平屋住宅、サービス付き住宅などを整備、移住を促進させている。

こうしたリブネスタウンプロジェクトは、「上郷ネオポリス」（横浜市）でも積極的に推進している。

芳井は社員に訴える。

「当社が分譲してきたネオポリスを再耕する『リブネスタウンＰＪ』では、『その街に新しい人が住み始め』、『新しい仕事を創り出し』、『コミュニケーションを取り戻し』、『高齢者が楽しく暮らせる』ことを目指している。リブネス事業を拡大させ、社会貢献に繋げてください」（「社内報」より）

さらに同社は、地方創生に繋がる都市・工業団地開発を進めている。

例えば、工場跡地に戸建住宅、マンション、商業施設を組み合わせた大型複合開発事業を手掛けたり、医療・介護施設、店舗、物流倉庫を開発したりしている。

同社がそうした事業を具現化できるのは、創業以来、土地活用のイメージを膨らまし続けることで、その活用メニューを増やしてきたからだ。

また、戸建住宅から商業・事業施設、社会インフラに至るまで幅広い事業領域を持ち、開発計画から造成、設計施工、維持管理に至るまでワンストップで街づくりを進めることができるのも強みである。

芳井は、「わが社の存在意義を追求し、付加価値のある社会の創造に貢献する」と言い切る。

芳井の豊かな社会創造への挑戦は続く。

15

金川《かながわ》千尋《ちひろ》　信越化学工業会長

中堅の化学会社を世界一のメーカーに育てた真のカリスマ経営者

35歳で商社から転職し、会社を変え続けた「偉大なる№２」

私は、企業の持続的成長の不可欠な条件は「№２」の存在だと考える。私が言う№２とは、ヒエラルキーに基づく役職やポジションの「２番目」ではない。肩書は副社長かもしれない、中間管理職かもしれない。№２はトップに意見を具申する参謀であり、ビジョンの具現化を補佐する役割を担う。

もう１つは、トップと現場を繋ぎ、社員の自発性を引き出し、モチベーションを高め、自由闊達な企業組織に変えるべく〝舞台作り〟をする世話役である。社員のモチベーションが高まらなければ、利益は上がらないし、企業の変革などできない。

94歳という高齢を物ともせず、新型コロナウイルス緊急事態宣言発令後も、毎日出社し、経営の采配を振る金川千尋も、№２からトップに上り詰めた経営者だ。

金川は、同社を中堅の化学会社から塩化ビニル樹脂（塩ビ）と半導体シリコンウエハー（集積回路の基板）で世界一のメーカーに育てたカリスマ経営者として知られる。経営手腕の凄さは、２００８年３月期まで13期連続最高益を更新、さらに現在も10期連続最高益を更新中という実績のみならず、売上高経常利益率が過去最高の27・１％（20年３月期）、ここ３年平均で25・６％という驚異的な数字からも頷ける。

金川千尋（かながわ・ちひろ）　1926年、日本統治時代の朝鮮・大邱に生まれる。東京大学法学部卒業後、極東物産（現三井物産）を経て、1962年、信越化学工業に入社。1978年、塩ビ事業の海外子会社、米国シンテック社長に就任。塩ビ事業を世界最大規模に成長させる。1990年、シンテック社長と兼務で信越化学工業代表取締役社長に就任。2010年より代表取締役会長。

そんな金川も実は、社長に就任する90年までの38年間、同社中興の祖、小田切新太郎社長（当時、故人）を支え、新事業を起し、人作り、組織作り、制度作りを行う「偉大なる№２」であったのだ。

１９６２年、35歳で極東物産（現三井物産）から転職した金川は、海外事業部で約15年間、塩ビなどのプラント輸出に携わり、世界中を飛び回り、海外事業を立ち上げていった。

次々と業績を上げる金川が経営陣の目に留まらないわけがない。中でも当時副社長の小田切の心を摑んだのは、東欧諸国へのプラント輸出を成功させたことだった。それは覚悟と胆力で意思を貫いた最初の事業だった。

金川はポーランドの労働組合トップの知遇を得て、輸出交渉をまとめただけでなく、同国と共同で他の東欧諸国への売り込みを図ろうという彼の提案を独断で受け入れた。当然、社内の一部から「独断専行だ」と批判の声が上がった。しかし金川は、「提案をいちいち本社に持ち帰っても、現場で交渉にあたっている当事者の判断以上のことはできない。支持が得られないのなら辞める」と腹を括った。

金川は、「本来ならばこのような重要な案件は一部長が決めることではない。しかし、私も体を張ろうと覚悟を決めた。その場の判断で承諾し、会社に対してはすべて事後承諾で押し通してしまった」(『社長が戦わなければ会社は変わらない』東洋経済新報社)と語っている。その結果、全東欧への輸出による利益総額は50億円に達し、同社の収益向上に貢献した。胆力こそ№2にとって必要な資質であることを証明したのが、金川が独断で行った米国の塩ビ合弁会社「シンテック」の設立とその完全子会社化だ。責任は私が取る――金川の胆力がなければシンテックを年産295万トン(15年)の生産力を持つ世界最大の塩ビメーカーに成長させることなどできなかっただろう。

ここで見逃せないのは、シンテックの設立から完全子会社化に至るまで金川の判断を尊重し、任せ続けてきた小田切の胆力と度量の大きさだ。いかに金川の経営者としての力量を信頼していたかが窺える。金川が語る。

「小田切さんが自分の体を張って、盾になって庇ってくれたからこそ、私もまた自分の存在をかけて、体を張って仕事ができたのです」

金川が執務室に小田切の写真を飾り、「人生の大恩人」と公言して憚らないゆえんである。

その後金川はシンテック社長を兼任しながら常務、専務を歴任、82年には塩ビ事業本部長に就任し、改革に着手する。その間、小田切は援護し続けた。No.2もまた、トップの胆力から生まれることを実証したのである。

学生寮に焼夷弾、船上で空襲警報、肺結核…過去3度死を覚悟

胆力を持つ人の共通項は何か——。私は、①立身出世、毀誉褒貶に無関心、②自分に対する評価を気にしない、③裸になれる、弱みを見せられる、④何があってもへこたれない粘り強さがあること、と考える。

このうち1つでも、クリアできなければ、胆力は持てない。①~④を実行した結果、同僚に煙たがられ、上司に疎まれ、ときには左遷されることもあるだろう。親しくしていた

人も遠ざかるかもしれない。孤独感に苛まれることもあるだろう。そのため、「サラリーマンという生き方」を選択し、自分にとってのメリット、デメリットを考えて、「得になりそうなこと」「損をしなさそうなこと」ばかり選んでいる人には厳しい。

その点、金川千尋ほど、全てをクリアし信念を貫き通す〝胆力の人〟はいない。まさに胆力で同社を〝超優良企業〟に成長させたと言っても過言ではない。

大成功を遂げた米塩ビ製造販売子会社「シンテック」の設立も、その完全子会社化も、本社の抜本的構造改革も、いずれも多くの反発や異論を押し切って成し遂げた実績である。

社長に就任する以前の、胆力ぶりを表わすエピソードは枚挙に暇がない。

例えば——1976年、合弁相手企業から持ち込まれたシンテックの買収話。金川は「全額買収すべきだ」と主張したが、社内には反対の声や異論が上がった。買収額30億円が当時の同社の当期利益12・7億円の2倍以上であったことに加え、金川の経営手腕を懐疑的に捉えていたからだ。金川は粘り強く説いて回った。最終的に社運を懸けた決断を下したのは、社長の小田切新太郎だった。

82年、本社の塩ビ事業本部長を兼務し、抜本的改革を断行した時も、古いしがらみや慣習と戦い続けた。製造原価を低減するため、まず鹿島コンビナートとの塩素購入の契約内容を改定、次に運賃の合理化、輸入原料の導入などを矢継ぎ早に実行した。また、工場閉鎖にも踏み込み、生産拠点を鹿島工場に統合した。社内外の反対を押し切って大鉈を振るったのである。

「私は合理的な運営にとって当たり前のことをやったつもりです。でも、古いしがらみや慣習があり、いわゆる抵抗勢力からの反発を受け、多くの場合四面楚歌でした」（金川千尋著『社長が戦わなければ会社は変わらない』）

金川の口癖は「私は命懸けで仕事をしている」。言行一致。言葉通り、金川は随所で体を張って勇猛果敢に改革を断行してきた。他社との戦いに勝つ前に自分との戦いがある。常識や慣習を疑い、変化に対応しながら自己改革を続け、正しい利益追求の努力を行う。そんな金川の原体験をみてみる。

金川は1926年3月、日本統治時代の朝鮮・大邱に生まれた。旧制京城中学、旧制第六高等学校（現岡山大）、東京大学を卒業、50年、極東物産（現三井物産）に入社した。

金川は過去3度死を覚悟している。1回目は45年6月、旧制六高の寮で空襲を受けた時だ。学生寮で消火作業を行っていると、背中に焼夷弾の破片が当たり、燃え始めた。寮友に消してもらい、九死に一生を得た。

2回目は、家族に再会するため、玄海灘を渡っていた船上で空襲警報を聞いた時だ。攻撃されたらフカが泳いでいる海に飛び込むしかなかった。もし、空襲を受けていたら人生は終わっていたという。

3回目は、53年、当時死の病といわれた肺結核を患い、半年以上、寝たきりの状態が続いた時だ。特効薬ストレプトマイシンが健康保険の適用対象になっていなければ助からなかっただろう、と述懐している。

また、旧制中学校時代に陸軍幼年学校の受験に落ちたり、旧制六高の受験に2度失敗したりして挫折も経験している。さらに極東物産時代の12年間、合併が繰り返される中、常に吸収される側にいた金川は〝被征服民〟の悲哀を味わった。そんな破天荒な人生から胆力は生まれたのである。

スリムで強靭な企業体質化で米子会社を世界一に成長

企業を成長させている経営者の中には、傍流体験を有する経営者が多い。海外や子会社、周辺の部署で苦労した人、あるいは転職した人。これらの人は、既存の事業に対し、しがらみがないため、思い切った決断ができるという面がある。

また、外から客観的に会社を眺めているため、会社の事実を冷静に認識し、改革しなければならない不合理な点をよく見出せる。本社の主流を歩み、順調に出世してきた人よりは、改革を成功させている場合が多い。

その点、金川千尋は正真正銘の〝傍流体験組〟だ。プラントの技術輸出、海外現地生産、米国合弁子会社の買収、経営改革……いずれも、傍流体験が生きていたからこそ実現した実績である。

大学卒業後に入社した極東物産（現三井物産）では、主として管理部で取引先の焦げ付いた債権を回収する仕事に携わった。不良債権の処理は、潰れた会社の生の経営を裏側から見る貴重な体験となった。潰れる時は借金で潰れる――。それが経営者としての経験則となり、自らの座右の銘である「常在戦場」の心構えに繋がり、徹底した合理化とむやみに投資しないキャッシュフロー重視の経営を貫く動機になった。

信越化学に転職後は、海外事業部で営業の第一線として活躍する。率先垂範してプラント技術を世界各地に売り込んだのは使命感だけによるものではない。同社が商品を右から左に流すだけの商社と違い、自ら投資してモノを作る製造業であることに誇りを持っていたからである。

同社が戦略を技術輸出から現地生産へ転換したのも、金川の発案からだった。金川は中米のニカラグアで合弁生産を開始以来、技術輸出に疑問を持ち始めた。「製造業にとって生命線である技術は売るべきではない」と考えるに至ったのだ。

それを具現化させたのが米大手化学会社ロビンテックとの折半出資の塩ビ製造販売会社シンテックの設立（１９７３年）だ。75年になると、ロビンテックは経営が悪化、全所有株の買い取りを要請してきた。金川は買収交渉をまとめ、社長の小田切新太郎が買収の決断を下した。

合弁会社の設立を企画立案したのが金川なら、完全子会社化を訴えたのも金川だ。いずれも同社にとって新たな挑戦だった。

金川は、立ち上げ期のシンテックをほとんど一人で管理し、悪戦苦闘して営業、経理、総務、人事、法務の仕事を自ら手掛けてきた。それが金川に経営能力の基礎を与えた。

注目すべきは徹底した合理化である。象徴的な出来事は、シンテックを完全子会社にした時、米国人社長を1年で解雇したことだ。理由は経営方針の食い違いからだった。例えば営業担当者の数。「彼は『40人必要だ』と言う。(略)私は、塩ビは顧客企業1社ごとに大量販売する汎用樹脂だから、『二人で十分だ』と反論する」(金川千尋著『毎日が自分との戦い』日本経済新聞出版)

金川はスリムで強靭な企業体質にすることに腐心し続けた。その結果、現在、シンテックは年産能力295万トン、売上高3436億円(2019年12月期)の世界一の塩ビメーカーに成長する。それにもかかわらず、従業員は約550人しかいない。売上代金の回収業務も、金川の女性秘書が兼務しているほど。「少数精鋭」は効率を重視した結果である。

米国法人の経営は金川流の原点となり、本社でも同様の経営手法をとった。

例えば、1982年、塩ビ事業本部長を兼務すると直ちに、業界の常識や通説に捉われない大改革を実行した。製造コスト削減のため、原料を化学コンビナートから購入する契約内容に問題があるとして、契約改定を申し入れた。「契約は守るべきだ」と拒否されたが、受け入れられない場合は塩素の引き取りを辞退するという強硬手段に出た。

結局、契約は改定され、さらに、それまであった不合理なやり方を次々と改め、製造コストを半減させることに成功した。

傍流経験者ならではの大改革だった。

経営改革と連続する最高益更新…実績が生む強い求心力

いつも言うように、サラリーマン経営者とオーナー経営者の最大の違いは、意思決定の責任の所在だろう。オーナー経営者の場合、決めるのも、責任を取るのもオーナーであるため、責任の所在がオーナーにあることが明確だ。一方、サラリーマン経営者の場合は、責任の所在が不明確になりがち。その違いがそのまま使命感の強さ、求心力の大きさの差となって表れる。

その点、大企業のサラリーマン経営者の中で、金川千尋ほど、強い求心力を持つ経営者はいない。

それは94歳の現在もなお、毎朝出勤時の車中で、米国子会社シンテックに電話をかけて営業・業務報告を受け、同時に製品の市況を聞き、速やかに判断し、その場で具体的な指示を出していることにも表れている。そうした金川の率先垂範の基本行動は1990年の社長就任以来、変わらない。

振り返れば、求心力は社長になる以前の海外事業の立ち上げ、シンテックの経営、国内塩ビ事業の再建、さらに社長就任後の経営改革と実績を重ねるたびに高まっている。「実績⇒求心力」の連鎖は、やがて13期連続最高益更新、さらに現在も10期連続最高益を更新中という偉業の達成に繋がり、同社は、社長就任当時と比較して売上高で3・6倍、営業利益で8・3倍（2020年3月期）に拡大、超優良企業へと体質転換した。

では、金川のエネルギーの源泉は何か。

金川は私に語った。

「私を動かすエネルギーは、事業を成功させたい一念です。業績を良くして会社の価値を高めるために死力を尽くす。人事も財務も大切、技術開発も欠かせない。しかし、これらは所詮方法論に過ぎません。目標はあくまで会社の底力を強くすることにあります」

世界に通用する企業にする――。その信念はどこからくるのか。まず、金川の言う「唯一のボス」である株主に報いるためだ。金川は会社経営の目的は、会社を強くし、株主に報いることにあると確信する。次に、自分を理解し、支持してくれた同社中興の祖、小田切新太郎（元社長、会長）の恩義に報いるためだ。3つ目は、「戦いには勝つ」という金川の〝勝負師魂〟からきている。

特筆すべきは、「勝つためには守りながら攻める」金川流である。かつて私が「攻撃こそ最大の防御では」と訊くと、金川はこう答えた。

「私はよく『攻めに強い人間』と評されますが、実際は反対です。私は守りに強い。まずは法律を遵守する。税法、独禁法、製造物責任（ＰＬ）法、民法、商法……。例えばＰＬでは、１つ過ちを起しただけで何百億円、ときには何千億円もの損害が生じることがある。違法行為だけではない。事故もあれば不祥事もある。いつ足元をすくわれるかもしれない恐怖感を常に心に留めています。どこに落とし穴が存在するかに目を凝らし、１つ１つ埋めていく。着実に経営の舵取りをするには恐れる心を忘れず、リスクを未然に防ぐことに努めなければなりません」

経営には、果敢に攻めることも必要だ。ただし、その際のキーポイントもまた、いかに守るかだという。金川は言う。

「まず、現在ある仕事を強化することです。新規事業は開花するのに何年かかるかわからない。花開くまで支え続けるには、現在の事業で利益を出すことが大前提になる。古いからという理由だけで事業を止めるのは間違いです。ウチが肥料から撤退したのは２０００年に入ってからですが、それまで肥料は2～3億円の利益を出していた。

ウチはシリコンウエハーや合成石英などハイテク事業を手掛け、素材として従来からの塩ビやシリコーン樹脂なども守備範囲に収めている。新旧２つの事業を持っていることが、不況への抵抗力になっている。攻めるには、攻めるなりの準備が必要です」

徹底した合理化、無駄の排除、少数精鋭主義、キャッシュフロー重視……これら全ての手法が強烈な求心力を生み出しているのである。

少数精鋭主義でプロの人材を育てることが最重要

金川千尋の掲げる経営ビジョンは、「世界に通用する企業になる」である。それは見事に実現され、信越化学は塩ビと半導体シリコンウエハーは世界1位、シリコーン樹脂は日本で1位、電子機能材料、有機合成も世界的高シェアを堅持する優良企業になった。

金川と同社が新規事業に注力すると同時に、技術力と生産性の向上に一所懸命に努力してきた結果である。とりわけ金川が腐心してきたのは生産性向上で、それは合理化を徹底的に追求するという考え方で達成してきた。

金川流マネジメントの最大の特徴は「少数精鋭主義」にある。

その集大成とも言うべき会社が、米国の塩ビ製造販売子会社「シンテック」。売上高3436億円、年産能力295万トンの世界№1の塩ビメーカーにもかかわらず、従業員はわずか約550人。代金回収は金川の秘書が兼務でこなし、経理・財務も数人で行うといった具合に、極限まで合理化している。

その結果、経常利益率21・4%(2019年12月期)という利益率世界トップクラスの化学会社になった。合理性を徹底追求してきたシンテックこそ、金川流の原点となり、信越化学の成長モデルとなった会社なのだ。金川は人材について語った。

「少数精鋭を徹底することが最重要。社長になったときに真っ先に手を付けたのが『人』の問題で、毎年６００人採っていた新卒採用を一気にゼロにしました。明らかにムダな人員を採用していたからです。要らない人は採らない、要らない組織は作らない。経営の原理原則です」

因みに、同社のここ数年の新卒採用は研究・製造部門を中心に毎年80人前後である。

金川は、少数精鋭を実現するにはプロの人材を育てることが必要だと明言する。それには長く１つの仕事を担当させ、その分野の能力を磨いてもらうのが合理的だと訴える。

興味深いのは、部門間の異動はムダであり、意味なく人をローテーションさせる定期的な異動は最も悪い人事だと考えていることだ。

「営業の場合、顧客企業との信頼関係という貴重な無形資産を築くのに10年、20年かかる。それなのに頻繁に担当者を代えるのは大きなマイナスだ」（金川千尋著『毎日が自分との戦い』日本経済新聞出版）

「仕事は自ら切り開くしかない」「人は自らが学んで実践しようという気概がなければ、どんな教育のお膳立てをしても役立たない」「会社にできることは社員に仕事のチャンスを与えることだけだ」と、金川の考え方は至って明快だ。金川が言う。

「経営者の仕事は社員に仕事のチャンスを与え、伸びる人間を見つけることです。その結果、成功なら、さらに重要な仕事をやらせてみる。失敗なら、できる人に交代させる。必要なのは実務教育で、一般論や精神論は要らない」

もう1つの特徴は、無駄の排除の徹底化である。例えば会議。3分の1に激減させ、取締役会の時間も、6〜7時間から3時間に短縮した。さらに、出席者も現場に精通した専門家だけにした。

圧巻は中期計画作りの中止である。金川は私に語った。

「ムダの最たるものです。中期計画を作るために工場から何人もの人間が集まりますが、1年先の状態がわからないのに3年先が誰に読めるか。売り値を高くして原価率を下げればいくらでも帳簿上の利益は書ける。仮定に基づいた計画を作って喜んでいるヒマがあったら、別のことに時間を使った方がマシだ」

カンパニー制の導入など、組織改革で企業活性化を図る考え方に対しても否定的だ。

「組織を変えるには1時間もあれば充分。しかし、組織を変えても業績は伸びない。仕事を伸ばすのはあくまで人で、人材をいかに育てるかに目を凝らすのが経営者の役割。人が育つには5年、10年の歳月を要する。組織をいじる暇があれば、少しでも人材のことを考えるべきだ」

今後、この金川流がどう継承されるか注目される。

16

西田義則《にしだよしのり》　大成ロテック社長

危機をチャンスに転化できる、胆力の企業リーダー

談合事件の連続発覚で信用失墜の会社再建に奮闘

危機を千載一遇のチャンスに転化する。追い詰められた時こそが新しい方向性を見出すチャンスである——。言葉で言うのは簡単だが、危機は焦りにつながり、自社のこれまでの全てを否定してしまい、規律を失い、悪循環に陥る企業は多い。危機をチャンスに転化するトップは、危機の中でも冷静さを失わずに自分で考えて、考え抜く。そして過去を否定し、前へ突き進む覚悟と胆力があると考える。

その点、2016年6月、大成建設の常務執行役員土木本部副本部長を経て大成ロテック社長に就任した西田義則はどうか。

大成ロテックは、大成建設の道路部が分離独立し、設立された大成道路を前身とする大成建設グループの中核企業だ。

西田が社長になったのは、大成建設社長の村田誉之（現副会長）から、「談合事件で信用が失墜している大成ロテックの経営を立て直してほしい」と再建を託されたからだ。

当時、同社を含む大手道路舗装各社は、東日本大震災で被災した高速道路の復旧工事で談合を繰り返していたとして公正取引委員会の立ち入り検査や、東京地検特捜部の強制捜査が入り、起訴された。

その結果、国交省東北地方整備局から指名停止処分、公取委から課徴金納付命令を受けた。

西田義則（にしだ・よしのり）　1955年、富山県生まれ。金沢大学工学部卒業後、1978年に大成建設に入社。主に地下鉄工事等シールド工法の現場を担当し、2012年に執行役員東京支店副支店長、2015年に常務執行役員土木本部副本部長を歴任。2016年に大成ロテック代表取締役社長に就任し、現在に至る。「役員は自ら汗をかくべき」と、課題解決のために自ら現場に出向くなど、「率先垂範」の経営を信条としている。

その後も、羽田・成田両空港の舗装工事談合事件、全国合材カルテル事件を起こし、国交省から指名停止、営業停止処分を受ける。

さらに大手道路各社は、別の談合事件でも調査が入り、行政処分を受けることは避けられず、業績悪化は必至とみていた。

大成ロテックも、度重なる当局の立ち入り検査で、社員の士気は低下し、社内は沈滞ムードが漂っていた。

そんな中、社長に就任した西田は、ビジョン「持続的成長を果たす」を掲げ、スローガン「名実ともに業界No.1を目指す」を打ち出し、「会社を創りかえる」と宣言、社員の意識改革から始めた。

課題は、①「信頼回復」、②「ビジネスモデルの変革」、③「技術革新」の3つ。

1つ目は「信頼回復」である。不祥事の真因は、「世のため、人のため」に仕事をするという企業文化が組織全体に埋め込まれていないことにあった。西田は、社会貢献に見合わない利益を求めてはいけないのだということを明確に示し、社員に理解させる必要があると考え、コンプライアンス（法令順守）体制の強化に取り組んだ。まず、コンプライアンス特別対策委員会を設置。続いてコンプライアンス推進部を新設、遵法精神を醸成し、意識を変え、知識を身に着けさせようとした。

さらに、西田自ら営業本部長を兼任し、コンプライアンスに基づく営業（＝受注）を率先垂範して行う。18年、「談合カルテルは行いません」などから成る「大成ロテック3つの誓い」を制定した。過去の不祥事を風化させないためだった。

2つ目は「ビジネスモデルの変革」だ。工事を受注し、竣工したらそれで終わりの〝工事請負〟一本槍のビジネスから、社会（＝顧客）課題に対応し、サービスを継続的に提供する新規ビジネスを構築。ビジネスモデルを既存と新規の二本立てとすることを決断した。具体的には公共施設の維持修繕事業及びＰＦＩコンセッション（長期運営権取得）事業に注力する一方、中小水力発電や建築など新規事業に経営資源を投入する。さらに、海外の公共施設市場を開拓すべく海外事業の強化に乗り出した。

３つ目は「技術革新」である。もともと同社は大型バスでも走行できる石張り舗装の構築工法、水をかけると急速硬化するアスファルト合材、ひび割れとわだち掘れの発生を抑止する高耐久アスファルトなど高い技術力を持つ。持続的成長を達成するにはさらなる技術革新が不可欠と、西田は考えた。

見逃せないのは、西田のビジョン徹底への強いこだわりだ。社長就任以来、頻繁に社員との対話を続けているのはそのためである。自分の言葉で語り続け、そして言行を一致させる。自分の理念や方向性通りの会社運営を実行することが、ビジョンの徹底に繋がると確信しているのだ。

西田は危機を新しい方向性を見出すチャンスとして生かすのである。

「道路確保」の緊急依頼、原発事故で陣頭指揮

私は、経営者には「夢」、「志」、「使命感」がなければならないと考える。では、使命感

を行動に表すには何が必要か。また、夢を実現する強い意思とは何か。それは「胆力」、言い換えれば「覚悟」に他ならない。

胆力がなければ、使命感を行動に移すことも、意思を貫き通すこともできない。経営トップは誰しも、失敗したくないと考えている。しかし、失敗を恐れずに新しいことに挑戦しなければ企業は変わらない。変わらないと企業は潰れる。したがって、トップたる者、リスクを恐れずに新しいことに挑戦し続けなければならない。そのためには失敗を恐れない胆力が必要となる。

その点、西田義則は、2016年6月、社長に就任すると、「会社を創りかえる」と改革を宣言、一気に構造改革を進めた。

特筆すべきは、ビジネスモデルの変革である。西田は大成ロテックの成長を支えてきた〝公共工事の受注一本槍〟のビジネスを変えると語り続け、自分の理念や方向性通りの会社運営を実行している。

では、どう変えるか――。

道路建設産業は、公共工事における道路事業が右肩上がりの高度成長時代は、競争入札で受注を獲得しさえすれば利益が得られた。しかし現在、道路事業は減少の一途を辿り、持続的な事業拡大が見込めなくなった。

西田は、公共工事の受注一本槍では経営が立ち行かなくなる、民間工事を含む幅広い社会インフラ市場を開拓するなど複数の新規事業を育てなければならないと危機感を抱いた。

改革の肝はビジネスモデルの転換にある。販売・サービスを継続的に提供する新規事業を複数立ち上げ、既存と新規の二本立てビジネスモデルに替えるというわけだ。

具体的には、公共施設の維持修繕事業及びPFI（プライベート・ファイナンス・イニシアティブ＝民間の資金、経営能力、技術的能力を活用して行う手法）コンセッション（長期運営権取得）事業に注力する一方、中小水力発電事業など新規事業に着手する。そのため、新規事業を育む研究開発に経営資源を投入する。また、新規事業の一環として中国、ベトナムなど海外事業の拡大に乗り出す。

さらに、西田は組織改革を断行。製品事業・営業・工事・管理の4本部体制に再編、本部長の権限と責任を明確化したのだ。そして、全社に「挑戦する企業風土」の醸成を図っている。

胆力はにわかにつけられるものではない。常にその有無が試され続けている。現に西田は、大成建設時代から、上司に対しても正しいと思うことを臆せずに主張してきた。

39歳のある折。技術開発第二部シールド工法開発室課長としてシールドマシンの開発に取り組んでいると、上司の部長が突然、「共同開発企業をA社から他社に替えろ」と言い始めた。

当時、大成建設はA社と共同で画期的な球体シールド工法を開発していた。西田は納得できず、部長に繰り返し理由を聞くが、「A社との契約は解除する」としか言わない。

そこで西田は、白黒をはっきりさせるため、部長とその上司の部門長を訪ね、「A社との契約は続行すべきです」と諫言した。すると、部門長は、「上司と部下が喧嘩をしたら部下が悪いに決まっている」と言い放った。それ以来、西田は冷遇されたが、あきらめず、仕事に集中した。

もう1つは、2011年3月11日の東日本大震災時に、福島第一原発事故の緊急対応の指揮を執った折のこと。東京支店土木部長だった西田は、東京電力から大成建設に入った「福島第一原発への道路確保」の緊急依頼に応諾し、直ちにプロジェクトチームを編成、陣頭指揮を執って現地入りした。

大成建設は福島第一原発の建設に関わっていなかったが、西田は「国家の大ピンチ。われわれがやらねば誰がやる」という使命感を持って、危険なため誰もやりたがらなかった福島第一原発周辺道路の啓開工事に不眠不休で取り組んだ。道路は地震で損壊しているうえ、原子炉建屋、タービン建屋の爆発でガレキが散乱し、大型車が通行できる状況ではなかった。一刻も早く、復旧させなければ、冷却水を注入する消防車、自衛隊車が敷地内に入れない。時間との闘いだった。

西田は防護服を着て、工事の指揮を執った。そしてチームは一丸となって目に見えない放射線と戦いながら道路を確保するのだ。

こうした西田の困難に立ち向かう胆力が、現在推進する経営改革の基になっているのは間違いない。

上司を反面教師に「会う人は全て勉強」の精神

「運」というのは、「私は運が良い」と思う人につき、「運が悪い」と思う人にはつかないようだ。現に、持続的成長を遂げる企業の経営者の多くが、私の質問に「自分は運に恵まれた」と答えている。

彼らに共通するのは、逆境でも「運が良い」と思えることだ。人は誰しも同じような体験をして、同じような経験をする。それに対して「運が良かった」「ツキがある」と思えるような人が成功している。

例えば、相性の悪い上司についたとする。このとき腐ることなく、「自分自身を鍛えるいいチャンスだ」と考えることができる。あるいは左遷されたときでも、「ここでひとつ、冷や飯を食って違う自分を鍛えようか」と思える。どんなつらい経験をも、学習であり、自己鍛錬であり、試練だと思える。そんな「幸運思考」の人が運を摑んでいるようだ。

西田義則も、「自分は強運だ」と明言する。金沢大学工学部を卒業し、大手ゼネコンの大成建設に就職できたことに始まり、主に地下鉄工事などシールド工法（筒状のトンネル削岩機を使って土の中を掘り進める工法）現場を担当、横浜支店土木部所長、東京支店土木部技術部工事計画室長、東京支店土木部長、執行役員東京支店副支店長兼土木部長、執行役員土木本部土木部長、常務執行役員土木本部副本部長を歴任し、大成グループ中核会社、大成ロテックの経営を任されたことに至るまで、ずっと運が良かった。現場で地道に仕事をこなす一社員に過ぎなかった自分がここまでやってこられたのは、上司や仲間たちのおかげと考えている。

西田のビジネスの原体験は入社3年目に配属された大阪支店（現関西支店）土木部だった。大阪市の地下鉄工事、大阪府の水道連絡管敷設工事などに携わり、現場管理の仕事を覚えていく。設計図通りモノをつくっていく段取りを行う仕事——協力業者への指示、モノの手配、測量管理、品質管理、工程管理など現場の仕事は工事が完了すると達成感が得られた。

西田が言う。

「印象に残っているのは初めてのシールド工法による地下鉄工事です。到達部の穴に、丸いシールド機が到達するのですが、その余裕は10センチぐらいしかありません。直線だけでなく、曲線もあり、本当に入るかどうか最後まで心配でした。いざ到達をして、その中に納まった時には感動で涙が出たことを覚えています」

そんな西田が地下鉄工事の社会的影響の大きさを痛感したのは、入社6年目。札幌支店で地下鉄工事に携わっていると、突然、大通公園（札幌市）で陥没事故が発生した。直径5メートルのすり鉢状の大きな穴ができてしまったのだ。

その地域は巨大岩石が積み重なってできた地盤で、当時のシールド工法では岩石を破砕して取り込むことができなかったことが原因とされた。

西田は、けが人は出なかったものの、事故が連日、メディアで大きく報道されたことから、建設会社の社会的責任の重さを噛み締め、二度と事故が起こらないようにしなければならないと肝に銘じた。西田にとって危機対応と技術開発の重要性を学んだ貴重な経験となった。

さらに、西田は、「会う人は全て勉強」と思える人間である。例えば——。本社技術本部生産技術開発部工法開発室課長のとき、部長とシールド工法の共同開発メーカーを巡り意見が対立した。部長は「メーカーを替えろ」と指示するだけで、何の説明もしなかった。

西田は「理不尽です」「契約は継続すべきです」と抗議したが、聞き入れられず、納得しないまま従わざるを得なかった。こうした上司に対しても、西田は反面教師として、自分は常に評価の公平、公正を心掛け、仕事に偏見や、好き嫌いを持ち込まないようにしようと心に誓うのだった。

西田が「自分は運が良い」と思ったのは、部長と対立し、冷遇されていた折、かねて西田の評判を聞いていた横浜支店所長の小林啓一（元大成建設監査役業務部部長）から「横浜へ来ないか」と声がかかったことだ。西田は、現場への復帰を熱望していただけに、小躍りして喜んだ。その後、横浜支店で所長になり、現場の士気向上に一層精力を注いだ。

さらに、西田は3・11東日本大震災時に、東京支店土木部長として福島第一原発の緊急対応の指揮を執った際も、多くの仲間に助けられた。

震災直後、大成建設は東京電力から福島第一原発の道路の復旧工事の緊急依頼が来て、急遽、対策会議を開いた。

事故対応責任者となった西田はまず、現場の所長を誰にするか、また現地入りする社員をどう集めるか、提起した。西田が「危険な作業だから志願制にしたい」と言うや、本社土木本部技術部部長の深澤裕志（現大成建設エネルギー本部部長）が「私が現地へ行きます」といの一番に所長を買って出た。深澤には新潟県柏崎刈羽原発建設工事の経験があった。西田は「助けられた」と、深澤に深く感謝した。

深澤が志願すると、あっという間に社員5人と協力会社の社員40人が手を挙げ、先発メンバーとして現地に入り、道路啓開工事に着手した。

他にも、自家用4輪駆動車を提供して現地入りし、現場で人員配置や施工計画など昼夜活躍した東京支店土木部工事部長の西岡巌（現常務執行役員東北支店長）、東京電力との連絡窓口として対策本部や現場で昼夜連絡調整役を担った本社土木営業本部営業部長の大沼寛知（現同統括営業部長）など、多くの仲間が西田のために力を貸してくれた。西田は、自分は恵まれていると思った。

こうした西田の人間力と幸運思考が今後いかに大成ロテックを成長させていくか、注目される。

日本初の手法「建設マネジメント」を導入

私は、拙著『続く会社、続かない会社は№2で決まる』（講談社＋α新書）で、社員のモチベーションを高めて組織を動かすのは「№2」の役割だと書いた。

私の言う№2は役職やポジションの「二番目」ではない。専務かもしれないし、課長かもしれない。企業を変え、成長させる主役だ。企業が成長するためには何が大事なのかを考え、理念と利益の追求を同時に行う。そして成長するための方策をトップに示し、改革を成し遂げるためには何を優先させるべきか、トップに意見を述べる人のことだ。№2がいなければ、人も組織も動かないし、改革も革新も成し遂げられない。

西田義則も同様、大成建設入社以来、本社土木本部設計部を振り出しに、大阪支店、札幌支店、技術本部生産技術開発部工法開発室課長、横浜支店所長、九州支店土木部長、東京支店土木部長、執行役員東京支店副支店長兼土木部長、常務執行役員土木本部副本部長

兼土木部長など一貫して土木畑を歩み、随所で〝№２シップ〟を発揮してきた。

西田の№２としての特徴は、常に仕事の本質は何か、自分の役割は何かという「Ｗｈａｔ」に対する答えを追求してきた点だ。それは、父親の営む土木建設会社を継いで社長になるという「志」から生じた問題意識だった。父親の会社は大成建設に入って5年目に倒産するが、志だけは抱き続けた。

西田が最初に、№２的役割を果たすのは、技術本部生産技術開発部工法開発室課長の時だ。

ある日突然、シールド工法共同開発の相手企業を替えろと言い出した部長に、西田は何度も理由を訊いたが、部長は何も答えなかった。その後も西田は「契約は続行すべきです」と何度も意見を具申したが、聞き入れられなかった。納得しない西田は、部長の上司の部門長を訪ね、諌言した。すると、逆に、「上司の言うことが正しいのに決まっているじゃないか」とたしなめられた。

本社の技術本部は権威主義がはびこり、風通しが悪く、空気が淀んでいると感じた。西田は部員全員が目的、価値観を共有し、公平・公正に評価する組織へと変えるべく、若手を集めて勉強会を行うなど努力した。組織風土改革への挑戦だった。

また、西田は、横浜支店主任時代には工事現場で、毎年、夏の横浜開港祭花火大会を楽しむ食事会を催すなど、常に現場の士気の高揚にも心を砕いた。

西田がNo.2シップをフルに発揮したのは、２００８年から2年間就いた九州支店土木部長の時だ。

赴任当時、九州支店は赤字に陥っていた。背景に、05年の大手ゼネコン「談合決別宣言」を機に始まった熾烈な価格競争があった。ダンピングがまかりとおり、中には落札率(予定価格に対する落札額の割合)50％というケースまで出てきた。当然、大手ゼネコンの公共工事部門は一様に業績が悪化した。大成建設も例外ではなかった。

西田は、業績回復を果たすには、社員にコスト意識を植え付け、売り上げ拡大と経費削減を同時に達成しなければならないと考えた。そこで、西田が取った手法は、契約に基づいて設計変更（＝条件変更）を行う「建設マネジメント」の導入だ。日本ではまだ採り入れられていない新手法だった。

注目すべきは、西田自らが半年間、毎月1回、高知工科大学の建設マネジメント社会人研修を聴講し、知識を身に付けたことだ。支店社員も毎年2名、建設マネジメントを学ばせるため大学院に入学させた。そうして西田は九州支店に建設マネジメントを根付かせた。

その結果、同支店は役所に設計変更を申請したり、追加工事等を受注したりして発注額の増額を達成。同時並行で、協力会社に経費削減を求め、資材業者には価格の減額の協力を要請する一方、自社の事務所の仮設費なども節約するなどコストダウンを徹底した。それにより、2年後、九州支店は黒字に転換した。

建設マネジメントの導入で九州支店の業績回復を達成した西田は、大成建設土木部門の成功モデルを構築した〝立役者〟と言っても過言ではない。

その後、西田は東京支店土木部長の時も、福島第一原発事故緊急対応の総指揮官として陣頭指揮を執り、全力投球で復旧工事に取り組んだ結果、大成は福島第一原発事故対策に最も熱心に取り組む大手ゼネコンとして各メディアから高い評価を獲得した。

こうして西田は、本社土木本部の№2として本部長を支えた。

技術革新→新規事業→持続的成長のシナリオ

企業にとっての至上課題は持続的な成長である。そのために、企業は何をすべきなのか。それが今日の企業経営者に求められている最大の課題だ。

重要なのは、中長期的な周期で成長を遂げているかどうか。持続的成長を遂げる風土になっているか。土壌が改良されているか。種まきが行われているかが問われる。今のグローバリゼーション時代は、ほとんどのトップが短期的視野で利益を上げることで頭がいっぱいだ。そのため、つい近視眼的な経営に陥ってしまいがちだ。トップのミッションは、利益を上げ、株価を高め、企業価値を増大させることのみとされ、トップを評価する基準が収益一辺倒になっているからだ。

しかし、必要なのは長期的視点である。

西田義則は、長期的視点に基づいたゴーイングコンサーン（企業が将来にわたって事業を継続することを前提にする考え方）を実行する経営者である。

西田は社長に就任すると直ちに、「名実ともに業界№1を目指す」と宣言、「ビジネスモデルの変革」を打ち出し、構造改革を進めた。

今までのように公共工事受注一本鎗のビジネスモデルから、新たな社会インフラを構築し、継続的にサービスを提供するビジネスや、新製品を製造販売するビジネスなど新規ビジネスを加えたビジネスモデルへ変革しなければ、生き残れないという危機感からだ。

西田は、大成ロテックを成長させるためのビジョン「成長戦略（大成ロテック挑戦）」を社員に示す。掲げた戦略は、①民間維持修繕事業及びPFI・コンセッション事業への参入、②建築事業の強化拡大、③中小水力発電事業への参入、④電気自動車対応道路交通システムの開発、⑤海外事業の拡大などである。

成長シナリオは世の中の変化対応⇒ビジネスモデルの変革⇒「公共事業受注一本槍の経営」の見直し⇒民間事業開拓、新規事業育成となる。

こうした成長戦略は大成ロテックの強み、すなわち高い技術力を生かし切ることを前提としている。

例えば、同社の強みを挙げると――。大型車が走行しても破損しない石張り舗装の構築工法は、花見小路通（京都市）、横浜元町ショッピングストリート（横浜市）、伊勢神宮外宮参道（三重県）など全国約900件の実績を持つ。また、わだち掘れやひび割れを防ぐアスファルト、さらに水をかけると急速硬化する道路補修材なども独自開発製品である。そうした強みを一層強くすることが生き残る不可欠条件であると西田は確信する。

とりわけ西田が力を注ぐのは、新規事業とそれを育むイノベーション（技術革新）だ。代表例が中小水力発電事業への参入である。河川から水を取り込み、取水装置で流木や落ち葉など異物を取り除き、タービン小屋に流し込んで川へ戻す、出力500〜2500キロワットの発電システム。同社は発電所の建設から運営まで全てを手掛ける。現在、栃木県、山形県、新潟県、長野県など全国10ヵ所で建設計画を進め、将来的には全国30ヵ所で事業展開することを目指す。再生可能エネルギーである中小水力発電事業への参入は、道路建設業界では初めての挑戦だ。

その発電所事業のコア技術が独自開発の取水装置システムだ。その革新技術がなければ新規事業は実現しなかった。

イノベーションは新規事業の種となる。西田が近い将来、第二技術センターを建設、開発陣を増強するなど技術力の強化を図るゆえんだ。

典型例が、自動運転化やスマート化に適用可能な技術開発だ。

大成ロテックは今、大成建設と豊橋技術科学大学と共同で自動運転車両が走行しながら充電できるという画期的な道路舗装の開発に取り組んでいる。それは電気自動車など次世代モビリティに連続的に無線で給電することが可能な道路システム「無線給電道路システム」の開発だ。すでに同社は両者の協力で給電可能な試験走路を構築し、電動カートが有人で走行する実験に世界で初めて成功している。

もう1つは、歩行者、高齢者、電動車椅子など移動弱者が快適に目的地まで移動するための道路整備技術の開発だ。

イノベーション⇓新規事業⇓持続的成長というシナリオを描く西田は、長期視点で事業の種をまき続ける。

大倉喜八郎の生き方を自らの信条に

持続的成長を遂げている企業の経営者に共通するのは、必ず強い使命感を持ち、それに支えられた情熱を持っていることだ。使命感がなく、野心だけでトップになった人間は権力を握った瞬間から必ず、堕落する。そんな経営トップを私はたくさん見てきた。

では、使命感とは何か。それは「世のため、人のため」「顧客に尽くす」という思想からくる思いだと言える。

西田義則は、「世のため、人のため」という創業以来の企業文化を継承するという使命感を持っている。企業理念「よりよい環境を創造する」、経営理念「我々、株主と経営者と従業員とは企業理念を共有することによって、（略）それぞれのもてる力、資本・経営・労働・技術を結集して快適環境を創造する。創造する快適環境の優れた価値によって、社会に貢献し、顧客に奉仕する」を唱え、「テクノロジー＝技術の研さんに努め活用しよう」「チャレンジ＝さあ、挑戦しよう」など、社名の頭文字（ＲＯＴＥＣ）に由来する５つの行動理念を訴えるのは、全て使命感からである。

では、西田の使命感はどこから生まれたか——。家業の土木建設業の社長になる志を立てていた西田は若い頃から、大成建設の創業者であり、大倉財閥を設立した大倉喜八郎に心酔し、その哲学や考え方を頭に叩き込んできた。とりわけ語録にある「自主自立の精神」「失敗はよき教訓」「楽しんで仕事をする」「小さな成功」「先へ先へ進もうとする進一《しんいっ》層《そう》」（『大倉喜八郎かく語りき』〈東京経済大学〉）などの生き方は自らの信条ともなっている。

企業にとって、「世のため、人のため」の仕事とは、自社の技術や製品・サービスを顧客に提供することを通じた社会への継続的な貢献である。そのためにはまず、必要な利益を取ることが絶対条件となる。その点、西田は、利益は目的ではなく、手段として必要。「研究・技術開発が先、利益は後」、つまり、社会課題を解決すべく革新技術を開発すれば、利益は自然とついてくると考えるのだ。

それだけに、西田は将来を見越した長期的視点での社会課題解決のための技術開発と、新規事業の展開にこだわる。

例えば、自動車の自動運転化を推進するための技術の追求がある。前述した通り、大成建設、豊橋技術科学大学と共同で、走行中の電気自動車などに連続的に無線で給電することが可能な「無線給電道路システム」の実用化研究に取り組む。すでに2016年、同社が両者の協力を得て材料や構造を研究して作ったアスファルト舗装の給電可能な試験走路で、電動カートが有人で走行する実験に世界で初めて成功している。

また、植物由来の「夢」のアスファルトの開発がある。同社は「木」から作るアスファルトの製造技術を実現することにより、石油由来のアスファルトから脱却する取り組みを行っている。

新規事業も、地球環境問題の解決に貢献する再生可能エネルギーの中小水力発電事業に取り組む。発想の原点は、環境にやさしい再生可能エネルギー事業への参入で、「少しでも社会に貢献したい」であった。

西田がエネルギー事業に関心を持ったきっかけは、自ら事故対応の指揮を執った福島第一原発事故だ。以来、CO_2を排出しない再生可能エネルギー事業の重要性を確信する。もう1つは、大成ロテック自体がアスファルト合材製造過程や、舗装工事で多量のCO_2を排出。その削減策に腐心していたという経緯があった。

その他にも、西田と同社は社会課題解決のために、長期視点での革新的技術・事業の研究開発に力を注いでいる。

西田が語る。

「社員が夢を語り、生き甲斐を感じる会社にしたい。そのためには、『世のため、人のために仕事をする』という企業文化を醸成していかなければなりません」

2021年6月、創立60周年を迎える大成ロテック。快適環境の創造に貢献すべく、西田率いる同社の戦いが続く。

中内《なかうち》 功《いさお》　旧ダイエー創業者

日本社会を根本から変えた変革者・社会事業家

志ある起業家たちの「精神的支柱」に

私は長年にわたって、成功する経営トップを追い続けてきた。企業を成功に導くトップに共通するものは一体何か。同じようにビジョンを掲げ、目標を定め、陣頭指揮を執っても、成果を上げる経営者と成果の悪い経営者が出てくるのはなぜなのか——。

そんな問題意識を持ちながら、これまで1000人以上のトップに会ってきた。創業経営者、2代目経営者、サラリーマン経営者、起業家等々、対象は多岐にわたる。私のスタンスは一貫して「経営者として何がしたいのか」という思いを訊き、企業経営への情熱を感じ取ろうというものだ。いかに自己の存在をかけて企業経営に打ち込んでいるか、いかに「顔」が見える経営者になっているか、を炙《あぶ》り出すのである。

経営者の中で、私が最も印象に残るのは、ダイエー創業者の中内㓛だ。

今こそ、中内の生き方を伝えたい。そう考えた私は、２０２０年3月に拙著『中内㓛２００時間語り下ろし（全3巻）』（講談社）を復刻した。この書籍は、私が中内㓛に20年間密着し、発表してきた書籍や論考をまとめた、中内㓛論の集大成といえる作品である。それを上梓した10年後、私は、新たに中内の評伝『流通王——中内㓛とは何者だったのか』（講談社）を世に問うた。

「僕が死んでから出版してください。今、出されたらかなわん！」。取材中、彼に何度言われたことか。しかし、中内は聞けば何でも正直に答えてくれた。裏表なく、腹蔵なく。それが中内という男だった。

中内 㓛（なかうち・いさお）　1922年、大阪市に生まれる。1941年、神戸高等商業学校（現・兵庫県立大）を卒業。1951年、大阪で薬品現金問屋サカエ薬品を開業。1952年、大栄薬品工業を設立、ダイエーの第１号店を大阪市に開店、1958年、神戸にスーパーマーケット「主婦の店ダイエー」を開店。1982年、ダイエー会長兼社長となる。1988年、学校法人中内学園の学園長兼理事長に就任。1990年、経団連副会長に就任。1999年、ダイエーの社長を退任、会長に。2000年、ダイエーの会長を辞任、取締役最高顧問に就任。2001年、ダイエー取締役を辞任。2005年、永眠。

　戦後、あちこちに闇市が広がる中、神戸市兵庫区にあった家業の小さな薬局店から身をおこし、売り上げ

1兆円を超えるダイエー帝国に君臨する「流通王」へ成り上がる立志伝が完成した背景として、そんな中内の人柄が1つの重要なファクターであったと、その死まで追い続けたジャーナリストとして感じずにはいられない。その一方で、絶頂の後、一代でダイエーは傾き、最後は経営からも遠ざかることとなった理由も、彼のその人柄ゆえといえる面は否定できない。

この点については、異論もあろう。ぜひ本書を通読いただき、中内という唯一無二の男を近しく感じ取っていただけたら、筆者としてこれに勝る喜びはない。

しかし、なぜ今、中内切なのか——。いや、今だからこそ中内切なのだ——。

メーカーや様々な規制を向こうに回し、主婦や庶民、すなわち消費者の代弁者として「価格破壊」を成し遂げるべく闘い続けた。様々な社会インフラや流通網を整備し、焼け野原だった日本に物質的な豊かさをもたらし、さらには文化の揺籃《ようらん》となる土壌を育てていった。もはや忘れ去られてしまっているが、今なお中内の遺産は日本各地にある。

中内は金儲けに成功し、やがて散財して没落した経営者ではない。社会のありようを根本から変えた変革者であり、社会事業家であった。

そんな企業経営者が、今の日本にいるだろうか。

ミッションなき収益至上主義の経営がはびこりつつある。「社会のため」という使命感を忘れ、儲けることにのみ汲々としている企業が増えてきている。

良い例が、昨今のベンチャー企業だ。私が出会ってきたベンチャー経営者の多くが、起業目的を「経営者になること」と答えたのには驚いた。

ベンチャー経営者のほとんどが「目標はＩＰＯ（新規株式公開）だ」と言う。では、彼らは、ＩＰＯを達成して儲けた何億、何十億、何百億という創業者利益を何に使うのか。彼らの多くは、それを投資に回したいという。投資家になって、さらに大きく儲けて、左うちわで暮らしたいと言うのだ。まさにマネーゲームの勝利者になることを夢見ているのであろうか。

中内は、昭和40年代から50年代にかけて、若者たちの憧れだった。起業を目指す人々にも、勇気と希望、夢を与えた。「中内さんができるなら、俺だって」そうやって事業をおこした人々があまたいた。志ある起業家たちの「精神的支柱」となったのである。

流通革命の母であり偉大なる「社会啓蒙家」

私は、経営者や実業家の価値は、「いかに社会に新しい価値を創造するかで決まる」と考える。

儲かる仕組みを創り出し、それで会社に利益をもたらす経営者は優秀かもしれないが、それだけでは「普通の経営者」の域を出まい。

利益を出すだけ、マネジメントが上手なだけの経営者なら世間にごまんといる。重要なのは、社会構造を変えるだけのダイナミックな事業家なのかどうか、ということだ。

その点、1950年代、裸一貫でダイエーを興した中内㓛は、スーパーのセルフサービス方式により安くて質の良い生活必需品を提供して国民の生活水準を向上させることに貢献し、「暗黒大陸」ともいわれた流通業界の近代化を成し遂げた。

「流通革命」をスローガンに掲げ、ビッグストアのチェーン展開による大量販売と大量仕入れの具現化によって、メーカーからついに価格決定権を奪い返すことに成功した。

そして、日本で初めてチェーンの本部を独立させて作り、アメリカ型ショッピングセンターを開発して以来、全国にスーパーを根付かせ、ショッピング環境を整えることに貢献した。

また、日本で最初にストアブランドやプライベートブランドを開発したのも、中内だった。小売業界では真っ先に人材の開発・育成に取り組み、一般産業界からのスカウト人事の突破口を開いたのも中内だった。

さらに、中内は、フードサービス、ディスカウントストアなど様々な業態を開発したり、一方でスーパー大学校という企業内実務訓練スクールを開講したりしている。ついには、私費180億円を投じて「流通科学大学」を開設する。

中内㓛は、流通革命の母である以上に、偉大なる「社会啓蒙家」でもあった。

中内㓛の生涯は、われわれ日本人に対して「無から有を生み出す者こそ最も尊い」というメッセージを残したと言える。無から有を生み出すというのは、何も「モノ作り」に限った話ではあるまい。社会に新しい価値観、新しいライフスタイル、新しい社会システム、すなわち新しい社会の在り方をこの世に現出させること。中内のやったことはまさしくこれだった。

裸一貫から成功してみせた中内は、１９６０年代、70年代の日本人に、明るい希望をもたらした。

彼の成功に刺激され、「やればできるんだ」「中内に倣え」と、起業を目指す人々にも、勇気と希望、夢を与えた。

ユニクロを展開するファーストリテイリング会長兼社長の柳井正にとって、中内は神様のような、崇拝する対象であった。チェーンストア理論を徹底的に、普遍的に実践せしめ、世界に約２２００店舗を展開し、２・３兆円規模まで増やした柳井だが、彼は絶えず、中内のような存在になるには何をどうすべきかを考えた。製造小売業で世界一を目指した背景には中内の存在があったのだ。

柳井は私に語った。

「われわれからすると、中内さんは神様のような存在でした。中内さんからは出版物などを通して多くのことを学びました」

ほかにも、マツモトキヨシの松本清、ダイオーズの大久保真一、コジマの小島勝平、モスフードの櫻田慧、シダックスの志太勤、ニトリの似鳥昭雄をはじめ、中内の強い影響を受け、事業を創業した経営者は枚挙にいとまがない。

マツモトキヨシなどチェーンドラッグストア、コジマなどの家電量販店、ユニクロなどの製造小売業、ダイソーなどのバラエティストア、ドン・キホーテなどのディスカウントストア、それにフードセンター、ホームセンターなどは「中内に倣え」とその後を追うように登場してきた。

チェーンストアを展開する彼らには、中内㓛の提唱する「良い品をどんどん安く」というミッションがあった。

消費者のため、メーカーから「価格決定権を取り戻す」

中内㓛は、多くの社会資産を残した。

中内は、30年ローンで、1500億円の借金をしてまで、福岡を開発した。今では福岡ソフトバンクホークスの福岡というイメージになっているが、南海ホークスを買収して移転し、福岡ダイエーホークスと名称を変え、福岡ドームを建て、シーホークホテルを建て、遊園地を作った。福岡の街を大きく開発したのは、中内㓛の功績と言っても過言ではない。

苦境にある先を頼まれて買うのが中内の常だった。

ミシンのリッカーを買収したのも、神戸オリエンタルホテルを買ったのも、日本ドリーム観光を買収したのも、リクルートの株を買収したのも、ハワイのアラモアナ・ショッピングセンターの所有権を買収したのも、全て人に頼まれてのことだった。その多くが、社会資産として残ることになった。

また、特筆すべきは、中内は「革命文化」を貫いたことである。確かにダイエーは経営不振に陥り、中内の死後、最終的にはイオンに吸収された。そう考えれば、経営者として中内は失敗した。しかし、メーカーの作る商品の10％を購入すれば「価格決定権」を奪うことができるというスローガンを体現してみせたことは消せない功績である。

中内は、日本がタブー視してきた生産者優位の世界に、「消費者主権」の御旗を振りかざしながら切り込んだ。農協を敵に回し、商店街を敵に回し、メーカーを敵に回し、行政を敵に回した。スーパー頑張れ、中内頑張れ、と応援するのは、日々買い物をする主婦たちだけだった。そして、その主婦の声に後押しされてやり遂げた。

その革命的な思想は、結果的に日本の消費構造、流通構造を変えた。飢えに襲われながら戦場をさ迷い歩き、「すき焼きが食べたい」と願った中内。ロジスティックス（兵站）、すなわち物流なり流通の重要性を骨身にしみて帰国した後は、流通革命によって人々を物質的に豊かにすることを夢想した。そんな中内によって、メーカー主導で、系列店が小売りを担う日本の流通の在り方が根底から変わっていったのである。

彼を一人の企業経営者ではなく、流通を通して社会変革を目指した「思想家」として考えれば、思想家としては失敗ではなく大成功であろう。

中内の革命文化は、今もなお生きている。

1つの証明が、キリンビールの小売りとの連携である。ビール業界の盟主の座を奪回する――。キリンビールはこの一念で、スーパーマーケットを味方につける戦略に出た。セブン&アイ・ホールディングスとは「一番搾り」ブランドで共同開発を手掛け、イオンやローソン、ファミリーマートのプライベートブランド商品の製造を請け負うことを決めた。

小売りとの関係強化を図ることで、売り場でのキリンビールのナショナルブランド商品の優遇率を上げ、消費者の目に留まりやすくし、NBの売り上げアップにつなげようとしているのだ。

かつて中内が夢想したものとは異なるかもしれない。しかし、いまやメーカー主導ではなく、小売りがビジネスの成否を左右する重要なキーファクターになっているのである。スーパーマーケットの巨大な販売チャネルに乗せてもらわないことには、メーカーは勝負ができないのだから。流通によるメーカー支配の時代がやってきたのだ。

中内は、たくさんのモノを消費者、大衆に提供するには、それを買ってもらえるような価格を実現する必要があると考えた。企業や国家に決められ、押しつけられるのではなく、消費者が自分で選び取る、すなわち消費者主権の流通革命が必要だと考えた。「価格決定権を取り戻す」と主張し、メーカーと激しく戦い、自ら価格破壊を実践することで、消費者大衆に支持された。

消費者が決める、流通が決める。今やそういう時代になった。図らずも中内㓛の革命文化は姿を変えつつ、今もなお生き続けているのである。

いかがわしいものこそ大衆をひきつける

中内㓛は好奇心の旺盛な男だった。興味を覚えれば、アラスカでキングサーモンを狙って何時間も竿を振る。はたまた、ランドクルーザーでシルクロードを駆け抜け、浅草のデキシーランドジャズのコンサートにも足を運ぶ。「何でもやってみたい。見てみたい」という気持ちが、中内を行動に駆り立てていた。

私は、中内ほど好奇心旺盛な、またそれを満たす行動力のある経営者を知らない。

ダイエーを離れて数年後のこと。80歳になった中内は私に、「アメリカのルート66を自分でハンドルを握って走りたいな。気持ちがいいだろうな」、ポツリと呟くように言った。「それは無理です。第一、中内さんは車の免許をお持ちでない」と私が一笑に付すと、「免許なんてやね、取ったらええやないか。すぐ取れるやろ」。中内が自動車教習所に通い始めたのは、その2カ月後だった。そして81歳で、普通自動車免許を取得した。

消費文化の革命を目指す事業家・中内㓛は自らの思想を、さまざまな形で社会に向けて発信した。その一方、大衆から発信される価値観や感覚を貪欲に吸収し、未知の分野の事業であっても、興味あることならどんどん挑戦していった。

中内は言った。

「行動を伴わなければ好奇心ではない。ただの夢想だ」

中内にとっての好奇心とは〝思いの実現〟であった。

そんな中内の持論は、「文化というものはいかがわしさから生まれる」だった。「歌舞伎も浄瑠璃も常磐津《ときわず》も端唄《はうた》も、みんな、いかがわしさが〝発祥地〟だ」

歌舞伎は今でこそ日本を代表する演劇だが、始祖といわれる出雲の阿国《おくに》が京都四条河原で念仏踊を踊った頃は、男装の阿国が遊女と戯れるという性倒錯《せいとうさく》を売り物にした見世物だった。華美で異様な衣装や、奔放でユーモラスで多分にエロチックな内容だったからこそ、大衆の爆発的な人気を集めたのだ。日本の文化だけではない。ビートルズも日本では、「髪の長い不良外人の音楽」と眉をひそめられた時代があった。

このように、文学でも演劇でも音楽でも、メジャーになるまでは「いかがわしい」といわれる。そのいかがわしさが文化を作る。メジャーになった時点で文化ではなく、権威になる——。中内は、このように考えていた。

中内自身、戦地から戻ると、闇市で種々のいかがわしい商品を売った。闇市は、人々が本当に欲しているものしか売れない。いわば、〝人間の欲の原点〟だ。中内はそこで商売しながら、「いかがわしいものだけが売れる」と確信した。

ダイエー1号店を千林（大阪）に出店した昭和30年代初頭の日本では、スーパーマーケットは「スーッと現れてパーッと消える、いかがわしい商売」と見られていた。人々が「いかがわしい」と言うからこそ、「これはいけるぞ」と確信を持ったのだ。いかがわしいものにこそ、大衆を惹きつける魅力がある——。

中内の尋常ならざる好奇心はこうした確信をベースにしたものである。そして彼は、自分自身の好奇心をそそるような大衆相手の様々な業態を開発し、展開した。

中内は、結果や成果より、むしろ文化を創出するプロセスの〝いかがわしさ〟を楽しんだ。つまり、金を儲けることよりも、儲かるシステム作りを楽しんだのである。

スーパーマーケットから百貨店、コンビニエンスストア、ディスカウントストア、会員制ホールセールクラブ、ホテル、観光、プロ野球、劇場、レストラン……。中内が「コングロマーチャント（複合小売り集団）構想」を掲げ、凄まじいまでの勢いで展開した事業の多角化がそれを物語っている。

中内の事業の多角化にはこうした自らの好奇心から発した部分が必ずあった。最初に〝収益性を重視した経営効率ありき〟ではなく、〝プロセスや事業文化を重視した経営ありき〟だったのである。

そういう意味で、やはり中内は、どこまでも日本屈指の「事業革命家」であった。

「自分は商人でありたい」と考えた中内こそ真の実業家

人間というのは、心で思っていることが言葉になって表れる。

中内は、自分は商人でありたい、と考えていた。

お客のことを、イトーヨーカ堂の創業者、伊藤雅俊は「お客様」と言った。それに対して、中内は「消費者」「一般大衆」と呼んだ。私はここに、「商売人」と「商人」の違いがあるように思う。

商人とは、社会を変えてやろうという大きな志を抱いて事業を興す人。言い換えれば「事業家」である。片や商売人というのは個々の会社の利益を追求する人である。伊藤雅俊は商家に生まれ、商売で鍛えられてきた生粋の商売人だった。小さい頃から店の繁盛を第一に考えるように訓練されてきたため、「お客様大事」でなければならない。

ところが、中内は「私は商人」と言った。社会を変えることに喜びを感じ、個々の利益を追求しようなどとは思っていなかった。真の事業家というのは、新しい社会システムや新しい価値を創り出して世の中を変えていくイノベーターであると考えていた。

中内は事業家として、日々消費する食品や日用雑貨を扱う「店」を全国各地に作り、良い品を安く提供し、それまでの日本になかった「一般大衆にとって都合の良い社会」を築き上げた。さらに、地方都市にダイエーが進出することによって、周辺のショッピング環境が整備され、土地の価格を上昇させた。そこに住宅地ができて、人口が増加すれば学校、図書館、病院なども作ろうということになり、地域社会は発展していった。

こうして中内は、ショッピング環境に始まり、住宅環境、教育環境、医療環境を整備するといった社会そのものが大きく変わるきっかけをつくっていった。その意味で、中内は戦後の経済成長を利用したのではなく、高度経済成長時代を作り出した真の事業家であった。

そんな中内も、ダイエーの経営が悪化してからは、手のひらを返したようにいろいろなことを言われた。彼に関するほとんどの論評は「経営に失敗した」というもので、中には人品骨柄まで否定するようなものすらあった。とりわけ中内を取り巻くステークホルダー——銀行、機関投資家、取引先、従業員は是々非々できちんと評価すべきなのに、一切拒絶して全否定した。

確かに中内はある時点から経営手法を間違えた。事業家の仕事は、まず新しい事業をどう興すかを考えることだ。事業を興し、軌道に乗せたら、あとの運営管理は〝経営のプロ〟たる第三者に任せるべきなのだ。従業員が数万人規模の大会社になると事業家では運営が難しくなる。中内の場合、事業を興しただけでなく、運営管理までも自分でやってしまったところに問題があった。第三者に任せ切れなかったのだ。

しかし、その部分だけをことさらに取り上げてあれこれ批判すべきではないだろう。(中内の栄光と転落については、拙著『流通王――中内㓛とは何者だったのか』(講談社)に詳しい)。

中内は批判に対しては潔く認め、何ら反論しなかった。しかし、彼が事業家として成し得たことや社会に残したことと、ダイエーという事業体の経営を悪化させてしまったこととは、本来同列には語れない次元の話である。われわれは、一切の余談なく、そのところをもう少し素直に見なければ、ものごとの本質を見失って的外れな論評を重ねるだけである。

また、バブル経済が弾けるまでの高度成長期に見られた中内の洞察力、想像力、推進力について、全くと言っていいほど言及されていないのもおかしなことである。中内㓛という、もの凄い馬力を持った男がいなければ、今日の消費社会はまず実現しなかったであろう。

中内の言葉が脳裏から離れない。

「僕が死んだら、意志や考え方は時代と共に霧散していく。だから目の黒いうちに、生活者側から見た経済学を理論体系化しておきたい。そして、理念を学問として後世に残しておきたい。これが流通科学大学を創った動機だ」

選択肢の多い社会を目指し、「大衆文化」を生み出す

中内㓛は、「大衆文化」を生み出すことにも心血を注いだ。

中内が、流通革命を推し進める革命家を超えて、街や人々の暮らしそのものをつくり上げようとする事業家の世界へと足を踏み入れたのは、１９８０年代半ばであった。

１９８８年にプロ野球に参入した当時、中内は九州・福岡の開発に力を入れた。自前の球場をつくるだけでなく、そこにショッピングセンター（ＳＣ）、ホテル、レジャーランドをつくろうとしていた。開発コンセプトは、「一般大衆」に〝楽しみの選択肢〟を与えることである。

その頃から、中内は阪急コンツェルンを築き上げた小林一三の存在をより強く意識するようになり、どうすれば小林のように大衆に密着した文化を生み出せるかを研究していた。大衆相手の商売を展開している中内にとって〝小林経営〟のダイナミズムは大いに参考になった。

その点、中内が目指したプロ野球は、買い物かごを持った主婦と家族が「ちょっと野球でも観てこようか、そのあと食事にでも行こうか」と、気楽に行って帰ってこられるものだった。

野球に対しても、「大衆はバントや敬遠して勝つのではなく、三振かホームランか、その瞬間を期待している」と感動する野球を求めた。どこまでも〝主婦〟〝一般大衆〟から

離れることはなかった。一般大衆にとっての娯楽、一般大衆にとっての街、中内はそういうものをつくり上げようとしていた。

中内は小売りビジネスを中心に流通構造を変革させる革命家から、街や暮らしという生活文化をつくり上げる事業家へ変わっていった。ビジネスにも、その変化が色濃く表れるようになっていた。

例えば、新神戸オリエンタルホテル、SC、劇場からなる新神戸オリエンタルシティ（88年完成）のコンセプトは、夜楽しめる都市。劇場のこけら落とし公演は「仮名手本忠臣蔵」。「大衆や主婦が楽しめる、分かり易い芝居」というのが理由である。

また、新浦安オリエンタルホテル（95年完成）には、SC、ダイエー浦安店が隣接。中内はこれを、主婦や会社帰りのサラリーマンの憩いの場として利用してもらえるように、ダイエーの店に加えてターミナルとも一体化させたコミュニティ・ホテルとして計画した。

さらに、神戸メリケンパークオリエンタルホテル（95年完成）は、周囲を海に囲まれ、どの部屋からも海と神戸の夜景が楽しめる。対岸にはホテルオークラがそびえ立つ。

中内は言った。

「寝るために神戸に来る人は、向こうを使ってもらい、楽しく遊ぶために来る人はうちを使ってもらう」

中内は、ホテルの概念を覆し、〝ネバー睡眠〟の「遊びのあるアーバンリゾートホテル」をつくろうと考えていた。

中内は、「大衆が楽しく過ごす選択肢が多くあればあるほど、豊かな社会だ。そういう社会を、僕は提供したい」と語っている。

食べ物屋もあれば、本屋、映画館、劇場もあり、近くに飲み屋もある。そういう都市ならば、多くの人が自分の好きなように時間を過ごせるし、夜通し遊べる楽しい街になる。中内が口にしていた「豊かな社会」とは、そういう街のある「選択肢の多い社会」という意味だった。

それは中内にとって実現可能なビジョンであった。まず流通革命による価格破壊で、消費者は安くなった差額分を学習、旅行、趣味、スポーツなどの文化分野に回せるため、一層豊かな文化を享受することがきる。それが中内の発想で、その根底にあるのは、大衆は貧しく、欲しいものを欲しい値段で、欲しい時に買えないという発想だ。その発想の原点には常に「消費者」「大衆」に主権が委譲される流通革命があった。

「ダイエーでなくてもいい。他でもいいんだ。彼らがより『よいものを安く』を実現してくれればね。ただ、僕は新しい選択肢を提供していきたいんや」

それは中内の変わらぬ高い志の宣言であった。

業界の因習やタブーと闘い続けた強固な信念

中内㓛は、流通革命を自らの「使命」として、メーカー、問屋、それに地元商店街を悉く敵に回し、業界の因習やタブーと闘い続けた。

その第一歩が牛肉の安売りだった（１９５９年）。当時、精肉店で１００g60円で売られていた牛の並肉を39円で売り出すと主婦が殺到した。周囲の精肉商は、ダイエーへの納入をストップさせようと仕入先の枝肉商に圧力をかけた。だが、中内はあきらめなかった。仲買人の皆がそっぽを向く中でただ一人、上田照雄、通称「ウエテル」が快諾した。中内の革命に共鳴したのである。

販売量が増加するにつれて、ダイエーでは深刻な肉不足に悩んだ。そこで、中内は本土復帰前の沖縄に和牛の農家委託生産会社を設立する。やがて豪州から仔牛を安く仕入れ、沖縄で肥育して枝肉を輸入する方法を取る。

しかし、精肉業者の間から猛反発の声が上がっただけでなく、関税制度を巧みにすり抜けた方法が日本政府から睨まれ、農林省（農林水産省）から中止勧告を受けた。中内はめげなかった。

今度は、鹿児島県鹿屋市に直営牧場を設立し、契約農家に和牛の肥育を預託することにした。その時も農協や県、市から市場秩序を崩壊させると猛反対された。しかし、中内はそれを押し切って実行した。

中内の巨大メーカーとの熾烈な闘いの象徴例としては、松下電器産業（パナソニック）との小売価格を巡る30年戦争がある。松下幸之助が系列販売店に価格維持を徹底させたのは、東京五輪閉幕とともに反動不況となった１９６４年。販売店主達は儲からない事実を訴えた。

「この時の松下幸之助の答えは、『販売店が儲からないのは安く売るからだ。今後、高い水準に小売価格を設定するので、これを守りなさい。安売り店へは出荷を停止する』だった」（中内㓛著『わが安売り哲学』）

そして、松下はダイエーの安売り戦略に対する締め付けを始めた。ダイエーの仕入先を突き止めるために、製品にブラックナンバー（特殊な光線によって判別する番号）を打ち、同じ仕入れルートを二度と使えないようにした。

しかし、バイヤーたちは東奔西走し、必至で商品を仕入れた。やっとのことで店頭に並べると、すぐに松下電器の関係者に全て買い占められてしまう。松下電器は、定価破壊するならダイエーに商品は降ろさないという姿勢を取り続けた。両社の取引が正式に再開したのは94年のこと。最後は松下電器のほうが折れたのである。

中内は、「地元資本」とも闘った。熊本へのダイエー出店の折、中内は地元商店街の反対運動に遭った（１９７４年）。商調協（商業活動調整協議会）では１回目にダイエー側の計画説明があり、２回目には商店街側の反対陳述が行なわれた。ところが、審議となった時、商工会議所の議員総会で進出反対が決議されるという、あり得ようもない事態が起こった。

さらに、熊本県議会の経済常任委員会までが進出反対決議を採択。商調協も第6回会合で「ゼロ回答」を決めた。消費者側は出店に賛成していたのだが、その意見が抹殺された。それでも中内は「乗り切る」と決意、署名運動を始めさせた。こうして77年秋、ようやく店舗の建設が始まった。

ところがこの時、またしても予期せぬ事件が起こる。工事現場に制服ヘルメット姿の70人の男たちが押しかけ、力づくで工事を妨害した。商店街の若手が組織した武闘集団「近代協青年行動隊」だった。社内には動揺が広がったが、中内は逆に熊本に新たな人材を送り込み、陣営を強化した。そして、2回目の大店審によって出店が許可された。

異常事態が起きたのは、「地元資本」の意向が働いたからである。

青年行動隊長が私に言った。「中内さんは『県庁所在地でダイエーの店がないのは熊本県だけだ。どうか俺に全国制覇をやらせてくれ』と言う。凄い人だ。その夢を叶えさせてあげたいと思った」

中内は敵を味方に変えた。

中内が何者にも屈しない強固な信念と、万人を魅了する人間的魅力を持っていたことを示すエピソードである。

本書は夕刊フジ（産経新聞社）に「挑戦するトップ」と題して、二〇一八年八月一七日～二〇二〇年一〇月二二日に連載された記事を再構成・加筆しています。

装丁・本文デザイン
相京厚史（next door design）
写真
中野和志
中村介架
岡田康且

著者紹介

大塚英樹（おおつか・ひでき）

1950年、兵庫県に生まれる。ジャーナリスト。テレビディレクター、ニューヨークの雑誌スタッフライターを経て、1983年に独立し、新聞、週刊誌、月刊誌で精力的に執筆。逃亡中のグエン・カオ・キ元南ベトナム副大統領など、数々のスクープ・インタビューをものにする。現在は国際経済をはじめとして、政治・社会問題など幅広い分野で活躍。これまで1000人以上の経営者にインタビュー。ダイエーの創業者・中内㓛には1983年の出会いから、逝去まで密着取材を続けた。
著書には『流通王――中内㓛とは何者だったのか』『柳井正 未来の歩き方』『作らずに創れ! イノベーションを背負った男、リコー会長・近藤史朗』『会社の命運はトップの胆力で決まる』（以上、講談社）、『続く会社、続かない会社はNo.2で決まる』（講談社＋α新書）、『「使命感」が人を動かす――成功するトップの絶対条件』（集英社インターナショナル）、『社長の危機突破法』『確信と覚悟の経営』（以上、さくら舎）などがある。

成長《せいちょう》する企業《きぎょう》トップの成功戦略《せいこうせんりゃく》を解明《かいめい》する
ニューノーマル時代《じだい》を乗《の》り切《き》る経営《けいえい》
2020年11月25日　第1刷発行

著者　大塚英樹《おおつかひでき》
発行者　川端下誠
編集発行　株式会社講談社ビーシー
〒112-0013　東京都文京区音羽1-2-2
電話 03-3943-6559（書籍出版部）
発売発行　株式会社講談社
〒112-8001　東京都文京区音羽2-12-21
電話 03-5395-4415（販売部）

印刷所　豊国印刷株式会社
製本所　株式会社国宝社
本文DTP　豊国印刷株式会社
編集　出樋一親、奥 裕好、堀 晃和

ISBN 978-4-06-522140-2　